EL DERECHO, LA VIVIENDA Y LA CIUDAD: ¿EFECTIVIDAD Y EXIGIBILIDAD DE UN HOGAR?

Procedimiento de selección de originales, ver página web:
www.tirant.net/index.php/editorial/procedimiento-de-seleccion-de-originales

EL DERECHO, LA VIVIENDA Y LA CIUDAD: ¿EFECTIVIDAD Y EXIGIBILIDAD DE UN HOGAR?

Wellington Migliari

tirant lo blanch
Valencia, 2025

En caso de erratas y actualizaciones, la Editorial Tirant lo Blanch publicará la pertinente corrección en la página web www.tirant.com.

La presente obra ha sido sometida a la revisión de pares ciegos según el protocolo de publicación de la editorial a efectos de ofrecer el rigor y calidad correspondiente tanto en su contenido como en su forma, aplicándose los criterios específicos aprobados por la Comisión Nacional E 016 (BOE num. 286, de 26 de noviembre de 2016).

COLECCIÓN DERECHO DE LA VIVIENDA

Director

SERGIO NASARRE AZNAR

EDITA: TIRANT LO BLANCH
C/ Artes Gráficas, 14 - 46010 - Valencia
TELFS.: 96/361 00 48 - 50
FAX: 96/369 41 51
Email: tlb@tirant.com
www.tirant.com
Librería virtual: www.tirant.es
DEPÓSITO LEGAL: V-1527-2025
ISBN: 978-84-1095-677-3
Maqueta: Tink Factoría de Color

Si tiene alguna queja o sugerencia, envíenos un mail a: *atencioncliente@tirant.com*. En caso de no ser atendida su sugerencia, por favor, lea en *www.tirant.net/index.php/empresa/politicas-de-empresa* nuestro procedimiento de quejas.

Responsabilidad Social Corporativa: http://www.tirant.net/Docs/RSCTirant.pdf

Índice

Prólogo

Tengo el placer de escribir unas palabras en relación con el libro que el lector o la lectora tiene en sus manos escrito por el Dr. Migliari. Se trata de una obra dedicada a una de las grandes cuestiones de esta segunda década del siglo XX en muchos países, entre ellos España, en Europa, y Brasil, en América, a los que dedica especial atención esta monografía: el disfrute de un hogar digno como mínimo vital imprescindible para el libre desarrollo de la personalidad y el goce de otros derechos para los cuales es requisito previo e imprescindible (salud, seguridad, intimidad…).

Wellington Migliari está en la mejor de las situaciones posibles para desarrollar un interesante análisis sobre esta cuestión, dada su experiencia vital, tanto brasileña como española, su punto de vista interdisciplinar, como graduado de Relaciones Internacionales por la Universidad de Sao Paulo y Doctor en Derecho por la Universidad de Barcelona, y su experiencia previa en estos temas, sobre los que ha co-coordinado un libro colectivo, en el que además ha sido autor de un capítulo (*El derecho, la ciudad y la vivienda en la nueva concepción del desarrollo urbano: desafíos transnacionales y transdisciplinarios de la gobernanza en la Nueva Agenda Urbana*, publicado en 2019 por la editorial Atelier).

Con este fértil bagaje, el autor plantea a lo largo de su trabajo un análisis de tres derechos, el derecho de propiedad, el de vivienda y el derecho a la ciudad, de sus relaciones mutuas y de la influencia sobre los mismos del funcionamiento del mercado y de la democracia y la participación ciudadana.

El primer derecho que se analiza es el derecho de propiedad, ese "terrible, y quizá no necesario derecho" a que se refirió Cesare Bonesana, Marqués de Beccaria, en su conocida obra *De los Delitos y de las Penas* de 1764 (p. 189 de la edición española de Trotta, Madrid, 2011), expresión que, como es sabido, recogió en parte el añorado jurista italiano Stefano Rodotà en su obra *El terrible Derecho. Estudios sobre la propiedad privada* (cito por la traducción española publicada por Marcial Pons en 1986). Terrible y quizás no necesario, pero muy pronto reconocido por las revoluciones liberales de los siglos XVIII y XIX como sagrado e inviolable, cualificaciones otorgadas al derecho de propiedad ya en el art. 17 de la Declaración de los Derechos del Hombre y del Ciudadano adoptada por la Asamblea francesa en 1789.

En España esta formulación aparece por primera vez a instancia de Argüelles, en la Ley de Expropiación Forzosa de 17 de julio de 1836, cuyo art.

1.º comenzaba diciendo: "Siendo inviolable el derecho de propiedad, no se puede obligar a ningún particular, corporación o establecimiento de cualquier especie, a que ceda o enajene lo que sea de su propiedad para obras de interés público". De acuerdo con el Diccionario Panhispánico del Español Jurídico, Argüelles dijo en los debates: "Creo que el estamento se halla en el caso de establecer explícita y terminantemente el derecho de propiedad como sagrado e inviolable al frente de la ley, para no dejar duda alguna".

Y ese supuesto carácter *sagrado e inviolable* ha calado psicológicamente durante siglos en sociedades como la española y, me atrevo a aventurar, la brasileña, como Migliari señala cuando se refiere a la tradición civilista en relación a la propiedad. En pleno siglo XXI, no es infrecuente seguir encontrando referencias a la *intocabilidad* del derecho de propiedad de los códigos civiles decimonónicos, respecto al cual cualquier intento de regulación basada en la función social de la propiedad se continúa viendo en el inconsciente colectivo de ciertas capas sociales, generalmente dominantes, y de ciertos juristas, generalmente privatistas, como una intolerable intromisión del Derecho público en las relaciones entre particulares.

Desde el ciclo de conferencias impartido por el gran jurista francés León Duguit en Buenos Aires, invitado por la Facultad de Derecho de la Universidad de Buenos Aires en septiembre de 1911, donde expuso su concepto de función social de la propiedad, hasta hoy ha llovido, sin duda, mucho. En el caso español, por ejemplo, la propiedad concebida en el Código Civil español del estado liberal de 1889 no es ni puede ser la misma concepción de la propiedad en un Estado social y Democrático de Derecho de 2024, por mucho que algunos se empeñen en ello· El Código Civil, desde la perspectiva de las fuentes del Derecho, es una simple ley, sometida a la Constitución española (en adelante, CE), cuyo art. 33, al reconocer el derecho a la propiedad como un derecho constitucional no fundamental (33.1) establece que la función social de este derecho *delimitará* su contenido, de acuerdo con las leyes (art. 33.2). O con la bella fórmula recogida en el art. 14 de la Constitución alemana de 1949, "la propiedad obliga (*Eigentum verpffichter*). Su uso deberá servir, al mismo tiempo, el bien común".

Esta delimitación del derecho de propiedad explica que leyes como la española de 2023 (Ley 12/2023, de 24 de mayo, por el derecho a la vivienda) prevean entre los deberes de los propietarios de vivienda el de ocupar efectivamente éstas, evitando las viviendas desocupadas, o regulen el límite a los precios de alquiler, por ejemplo, como en Europa ya han hecho países como Francia o Alemania, con el refrendo jurídico del Tribunal Europeo de los Derechos Humanos, del Consejo de Estado Francés y del Tribunal

Constitucional Alemán. También en el caso de la ley española, la sentencia del Tribunal Constitucional 79/2024, de 21 de mayo, ha considerado adecuados constitucionalmente todos los artículos cuestionados que imponían delimitaciones del derecho de propiedad basadas en la función social de este derecho en relación con la protección del derecho a la vivienda.

Precisamente, el segundo derecho considerado por Migliari es éste, sobre el que existe una larga disputa doctrinal en países como España relativa a su condición de auténtico derecho subjetivo. La sentencia del Tribunal Constitucional español, antes mencionada, la número 79/2024, de 21 de mayo, cambiando aquí radicalmente una asentada jurisprudencia previa, ha señalado que "los compromisos internacionales de España en materia de derechos humanos *refrendan la existencia de un derecho a la vivienda, reconocido también en varios estatutos de autonomía* y cuya efectividad es precisamente lo que se encomienda a todos los poderes públicos en el art. 47 CE".

Finalmente, el tercer derecho tratado en la obra es el derecho a la ciudad, un derecho reconocido hace tiempo por la Constitución brasileña y el Estatuto de la Ciudad en Brasil y que también ha sido reconocido legalmente de forma explícita en países como Francia. En el caso español no se ha acertado todavía a incluir en la legislación dicho derecho, el cual puede considerarse implícito en la legislación urbanística, en relación con el concepto europeo de desarrollo sostenible, y que incluso ha sido mencionado expresamente por alguna sentencia del Tribunal Supremo recientemente.

El contexto español puede aprender de la experiencia brasileña, y de otras, y considero que debería explorar más a fondo este derecho a la ciudad para consolidarlo normativamente también. Como señala el autor existe una conexión entre la función social de la propiedad y el derecho a la ciudad, así como entre este y la vivienda, que es preciso explorar y precisar.

Este *triángulo* de derechos es analizado en la obra en el contexto español y brasileño, en conexión con el actual funcionamiento de los mercados donde las entidades financieras o los fondos de inversión intervienen con una lógica contraria en ocasiones al mismo, "invadiendo los sistemas constitucionales" e "imponiendo nuevos dominios", en palabras del autor. Frente a ello, la propuesta de la obra es profundizar en el componente democrático de nuestras sociedades, reforzando la participación ciudadana que conduzca a una buena administración en este ámbito, esto es, a una intervención pública desplegada con la debida diligencia y el debido cuidado en el respeto, la protección y la satisfacción del derecho a la vivienda, tal y como, especialmente en el ámbito europeo, exigen los tribunales al proteger el derecho a una buena administración.

A tal efecto, el libro estudia un punto de gran interés respecto a los dos países analizados, relativo a como organizaciones como el *Movimento dos Trabalhadores Sem-Teto* (MTST) y la Plataforma de Afectados por la Hipoteca (PAH) se han apoyado en la función social de la propiedad y las obligaciones de sus Estados ante los tratados y pactos internacionales para que Brasil y España cumplan con sus obligaciones de respetar, proteger y satisfacer el derecho a la vivienda.

En fin, esta obra es interesante, por su objeto, de plena actualidad, y por sus consideraciones. El origen de la misma se encuentra en la tesis doctoral que el autor defendió con éxito en 2018 en la Universidad de Barcelona para obtener el título de doctor titulada "*From the effectiveness of the right to housing to the right to the city: a three-dimensional rationality for Brazil and Spain*", que fue evaluada por una comisión formada por los profesores André Luíz Freitas Días (presid.) de la Universidad Federal de Minas Gerais, Marcos Vaquer Caballería (secret.), de la Universidad Carlos III, y Alexandre Peñalver i Cabré (voc.), de la de Barcelona.

Sin embargo, el trabajo original ha sido repensado y actualizado hasta obtener el análisis que el lector o lectora tiene entre sus manos. Análisis que no puede ser más oportuno, en un contexto histórico en el que se escribe este prólogo en el que los populismos de extrema derecha avanzan en todo el mundo y donde la procura de un hogar decente a las personas y familias es, y será, un punto crucial en la lucha contra los mismos, en el marco de los Estados sociales y democráticos de Derecho, como lo es el español (art. 1 de la Constitución de 1978).

Dr. Juli Ponce Solé
Catedrático de Derecho Administrativo
Universitat de Barcelona

Abreviaturas

ATC	Auto del Tribunal Constitucional de España
CB	Constitución de Brasil de 1988
CC	Código Civil
CdE	Consejo de Europa
CDFUE	Carta de los Derechos Fundamentales de la Unión Europea
CE	Constitución de España de 1978
CESCR	Comité de Derechos Económicos, Sociales y Culturales de las Naciones Unidas
CLAD	Centro Latinoamericano de Administración para el Desarrollo
CNNUUC	Convención de las Naciones Unidas contra la Corrupción
CSE	Carta Social Europea
EdeC	Estatuto de la Ciudad de Brasil, Ley 10.257/2001
EdeT	Estatuto de la Tierra de Brasil, Ley Federal, 4.504/1964
ECSHRs	European Charter for the Safeguarding of Human Rights in the City
INCRA	Instituto Nacional de la Colonización y la Reforma Agraria de Brasil
LAU	Ley de Arrendamientos Urbanos
LEC	Ley de Enjuiciamiento Civil
LOPJ	Ley Orgánica del Poder Judicial
LOTC	Ley Orgánica del Tribunal Constitucional de España
MERCOSUR	Mercado Común del Sur
NAU	Nueva Agenda Urbana
PIDESC	Pacto Internacional de Derechos Económicos, Sociales y Culturales
PCPM	Protocolo Constitutivo del Parlamento del Mercosur
RITCB	Reglamento Interno del Tribunal Constitucional de Brasil
STC	Sentencia del Tribunal Constitucional de España
TCB	Tribunal Constitucional de Brasil o Supremo Tribunal Federal
TCE	Tribunal Constitucional de España
TFUE	Tratado de Funcionamiento de la Unión Europea
TJUE	Tribunal de Justicia de la Unión Europea

TS	Tribunal Supremo de España
TSJC	Tribunal Superior de Justicia de Cataluña
UE	Unión Europea

Introducción

Sistemas constitucionales: el control externo e interno del derecho de propiedad

1. EL CONTROL JURÍDICO EXTERNO E INTERNO DEL DERECHO DE PROPIEDAD

En Brasil y España, persisten numerosos conflictos en los que el derecho de propiedad desempeña un papel fundamental. Al examinar la historia de la propiedad en ambos países, observamos que las condiciones de acceso a la tierra están profundamente influenciadas por una tradición de Derecho Civil en la que, con frecuencia, se perciben los efectos de una visión aún residual del derecho de propiedad como una *res* absoluta. Esto implica que el propietario suele utilizar su bien de acuerdo con sus intereses, aunque en la práctica este derecho ha sido objeto de diferentes limitaciones a lo largo de los últimos cincuenta años. Entre ellas, destacan la función social de la propiedad, la expropiación por interés general y la protección del bien público. En este libro, abordaremos cómo la visión absoluta del derecho de propiedad se consolidó en una historia y cultura jurídica de privilegios, influenciada por lo que definimos como un vínculo emocional hacia el ejercicio del *dominium* en la Península Ibérica durante los siglos XV y XVI. Durante este periodo, el control administrativo de los abusos no se materializaba con gran distinción entre el interés individual y el público. Esto se debe a que no existía una separación de poderes y de competencias como la que observamos en la actualidad, ya que el interés de los particulares suele encontrarse hoy sometido al principio de interés general.

Dado que la realidad social y económica de este sistema histórico de propiedad absoluto ha cambiado profundamente, en la actualidad, los grandes propietarios o tenedores que utilizan sus bienes de manera anómala, al incumplir con la función social de la propiedad muchas veces, deben estar ciertamente sujetos a normas de control más estrictas por parte de las potestades sancionadoras[1]. Por un lado, cabe subrayar que la

---

1 De acuerdo con la Constitución de España de 1978 (CE), art. 149.1.1, sobre "el ejercicio de los derechos y en el cumplimiento de los deberes constitucionales",

vigilancia administrativa en estos casos es relativamente novedosa en el ordenamiento jurídico español, especialmente tras la Ley 12/2003, de 24 de mayo, por el derecho a la vivienda. La limitación de acciones abusivas puede parecer un desafío a la tradición civilista, según la cual el propietario tiene un amplio margen de actuación. Por otro lado, el papel de los juzgados y tribunales es hacer efectivo el derecho de propiedad, pero de ningún modo su ejercicio puede implicar la vulneración de otros derechos, como el derecho a la vivienda y a la intimidad, ni atentar contra la dignidad humana o impedir la construcción social del concepto de hogar como un valor.

Más allá de los controles externos propio de las administraciones públicas y del poder judicial, hay aquellos que se denominan los controles internos, o sea, las obligaciones que el propietario tiene que cumplir antes de destinar a su propio bien algún uso y evaluar si lo hará conforme o no al derecho. En síntesis, es en este momento que se instala una relación de tensión, pues el interés del individuo en general tiende a entrar en colisión con el beneficio de los demás. Vemos más claramente la materialidad del control interno cuando un propietario se somete a normas de derecho al tramitar, por ejemplo, una licencia antes de abrir un negocio, desarrollar el suelo urbano, perforar un pozo, etc. Se trata por lo tanto de una relación difícil, pues los límites que impone el propietario a si mismo suelen ser de hecho más flexibles que aquellos legislados, vigilados por las administraciones públicas y examinados por el poder judicial. En otras palabras, esta tensión entre el interés individual y el interés público nos impone la tarea de pensar sobre las transformaciones constitucionales. Igualmente, si las posibles soluciones para los conflictos jurídicos entre propiedad y vivienda se integran a otros derechos fundamentales.

Sin embargo, la posibilidad de armonizar el control administrativo con el control judicial, lo cual permitiría reducir conflictos dentro de un marco constitucional, tropieza con la barrera de la tradición del *dominium*. La implementación de leyes contra la especulación inmobiliaria y la ocupa-

---

con remisión al art. 33.1, derecho de propiedad, y, por ende, el 33.2 en cuanto a la función social de la propiedad, los controles externos establecidos son de competencia exclusiva del Estado. En el caso brasileño, la Constitución Federal de Brasil de 1988 (CB) reconoce en su art. 5, apartado XXII, el derecho de propiedad y, en el apartado siguiente, la función social. Como en el sistema constitucional español, tratase de materia exclusiva conforme el art. 182, § 4°.

ción de viviendas deshabitadas representa un desafío considerable para las facultades sancionadoras de los ayuntamientos. Incluso los jueces no están totalmente exentos de la confusión entre un derecho absoluto y un derecho que implica obligaciones al analizar casos en los que los propietarios cuestionan la competencia de las potestades sancionadoras frente a posibles usos abusivos de sus derechos. A lo largo de esta obra, examinaremos diversas sentencias del Tribunal Constitucional de España (TCE) y del Tribunal Constitucional de Brasil (TCB), las cuales abordan, respectivamente, el uso anómalo de la propiedad y la manera que su función social se relaciona con el control externo sobre los bienes inmuebles bajo el concepto del derecho de propiedad.

2. ¿ES LA VIVIENDA UN DERECHO EXIGIBLE?

El derecho a la vivienda es un aspecto fundamental respaldado tanto por la legislación internacional como por la normativa nacional de Brasil y España. En este sentido, el Pacto Internacional de Derechos Económicos, Sociales y Culturales (PIDESC) establece en su art. 11 que los Estados Parte reconocen el derecho de toda persona a una vivienda adecuada y se comprometen a tomar las medidas necesarias para asegurar su efectividad. Este pacto no solo impone la obligación de respetar y proteger este derecho, sino también la de superar los obstáculos que impiden su goce pleno. En el caso de España, la Carta de Derechos Fundamentales de la Unión Europea (CDFUE) en su art. 34.3 y la Carta Social Europea (CSE) en su art. 31 reafirman este derecho y comprometen a los Estados a adoptar medidas concretas para garantizar el acceso a una vivienda adecuada y asequible. Como veremos, las Directrices de Maastricht complementan estas dos normativas europeas al subrayar la responsabilidad estatal de corregir violaciones de derechos, incluso aquellas perpetradas por entidades no estatales.

El art. 47 de la Constitución Española (CE) de 1978 reconoce que todos los ciudadanos españoles tienen derecho a disfrutar de una vivienda digna y adecuada. Además, señala que las autoridades públicas tienen la responsabilidad de crear las condiciones necesarias para asegurar este derecho. Esto indica claramente cómo el derecho a la vivienda está incorporado en el marco jurídico e institucional del país y refleja la intención del legislador de considerar la propiedad como un componente esencial del concepto de hogar. Esta disposición constitucional no se limita a ser una declaración de intenciones, como también sostiene el Tribunal Supremo (TS) de España, sino que exige una acción efectiva por parte de las autoridades.

En Brasil, se observa una situación similar. El derecho a la vivienda está contemplado en la Constitución Federal de Brasil (CB) de 1988 y fue incluido mediante la Enmienda Constitucional número 26 en el año 2000. Su art. 6, después de la enmienda, establece que la vivienda es un derecho, junto a otros como la educación, la salud, el trabajo, la seguridad, la protección de la maternidad y la infancia, y la asistencia a los necesitados. Esta inclusión del derecho a la vivienda en la carta magna brasileña refuerza la responsabilidad del Estado de implementar medios que aseguren que todos los ciudadanos accedan a una vivienda digna y adecuada, destacando así la relevancia de este derecho en la promoción de la justicia social y la cohesión urbana en Brasil, una perspectiva respaldada también por el Tribunal Constitucional de Brasil (TCB).

Los movimientos sociales desempeñan un papel fundamental en la reivindicación del derecho a la vivienda. Agrupaciones como el *Movimento dos Trabalhadores Sem-Teto* (MTST) y la Plataforma de Afectados por la Hipoteca (PAH) han utilizado el concepto de función social de la propiedad y las responsabilidades de los Estados en relación con los tratados y convenios internacionales para exigir que tanto Brasil como España cumplan con su deber de respetar, proteger y garantizar una vivienda digna y asequible. Estos movimientos no solo reivindican el acceso a una vivienda digna, sino que también la ven en conexión con la efectividad de otros principios y garantías del Estado del bienestar, como la igualdad de oportunidades, la no discriminación y el acceso a servicios urbanos esenciales. Por eso, sostienen que la exigibilidad del derecho a la vivienda es clave para lograr la justicia social y la cohesión urbana.

Doctrinadores en la materia como Juli Ponce Solé y Padraic Kenna han argumentado que la vivienda constituye un derecho exigible. Ponce Solé destaca que tanto la interpretación de los tratados internacionales como la práctica de la legislación europea apoyan esta exigibilidad, mientras que Kenna subraya la necesidad de establecer mecanismos de recurso efectivos para que los derechos sociales se materialicen de manera tangible. Ambos coinciden en que el reconocimiento de los derechos sociales debe ir acompañado de acciones concretas y de la implementación de medios que aseguren su efectividad.

La exigibilidad del derecho a la vivienda se basa en un conjunto de obligaciones jurídicas, tanto a nivel internacional como nacional. Estas normativas no solo establecen el derecho a una vivienda adecuada, sino que también imponen a los Estados la responsabilidad de adoptar medidas concretas para garantizar su eficacia, enfatizando la importancia de contar movimientos sociales y académicos refuerzan esta perspectiva doctrinaria, enfatizando la importancia de contar con obligaciones de medios y medidas proactivas que aseguren el pleno ejercicio del derecho a la vivienda en la práctica. En este sentido, es fundamental que los Estados y los poderes públicos actúen de forma decidida para superar los obstáculos y garantizar el acceso a viviendas dignas y asequibles para todos, constituyendo esto un elemento esencial para la justicia social y el derecho a la ciudad.

3. LA EFECTIVIDAD DEL DERECHO A LA VIVIENDA ES CLAVE PARA EL DERECHO A LA CIUDAD

El derecho a la ciudad es un concepto integral que promueve un uso equitativo y pleno del espacio urbano. Se basa en una variedad de principios, tales como la justicia social, la democracia, la participación, la igualdad, la transparencia, así como la sostenibilidad ambiental y económica, y el respeto a la diversidad cultural y al entorno natural. Este derecho se concibe, por lo tanto, como colectivo y busca garantizar el pleno ejercicio de los derechos humanos, fomentando una gestión democrática de la ciudad, justicia territorial, inclusión social y una distribución justa de los bienes públicos a través de la participación activa de la ciudadanía. Así, se reconoce la relevancia de las ciudades como espacios de convivencia y desarrollo humano, donde todos los habitantes deben tener la oportunidad de acceder a sus beneficios de manera justa y equitativa.

No obstante, es importante señalar que esta conceptualización no es la única viable. En la década de 1960, el filósofo Henri Lefebvre inició un debate sobre la ciudad, resaltando un movimiento de acción política de aquellos que viven, trabajan y producen en el contexto urbano. Su propuesta invita a reflexionar sobre cómo el espacio es constantemente producido y transformado, revelando disputas de clase y dando lugar a la acumulación de plusvalía. Desde esta perspectiva, la conexión entre la función social de la propiedad y el derecho a la ciudad es especialmente evidente en el ordenamiento jurídico e institucional de Brasil. El art. 182 de la Constitución Federal (CB) y el Estatuto de la Ciudad (EdeC) estipulan que la propiedad urbana debe cumplir una función social alineada con el principio de participación ciudadana durante la elaboración de los planes de ordenación urbanística municipal. En el caso brasileño, esta función puede ser regulada por el poder público a través de mecanismos como la parcelación del suelo para vivienda social protegida, impuestos progresivos o incluso la expropiación forzosa para fines de interés social. Además, como veremos, las obligaciones de medio por parte de las administraciones públicas aseguran que el derecho de propiedad esté a servicio de un desarrollo urbano más equitativo. La función social en este contexto debe contribuir al bienestar colectivo y al desarrollo sostenible de las ciudades.

En España, las políticas de desarrollo urbano y la planificación territorial son herramientas fundamentales para organizar y potenciar las funciones sociales de la ciudad. Las técnicas jurídicas previstas tanto en los planes generales como parciales, especiales y de mejora urbanística, por ejemplo, están diseñadas para promover el bienestar de los habitantes, reafirmando que el desarrollo urbano se realice de manera ordenada y en beneficio de todos. En este contexto, entendemos que el derecho a la ciudad se concreta a través de acciones específicas, como la promoción de viviendas sociales protegidas, permitiendo a miles de personas acceder a hogares dignos y asequibles en ciudades cada vez más dominadas por un mercado de alquiler excluyente. Algunas demandas sociales organizadas, como las planteadas por la Plataforma de Afectados por la Hipoteca (PAH) en su lucha contra los desahucios y a favor de los alquileres sociales, buscan transformar las ciudades españolas en espacios más inclusivos y justos, donde se restablezca la dignidad humana. Para los activistas de este movimiento, la función social de la propiedad está estrechamente vinculada a la justicia social urbana y a la equidad de condiciones entre diferentes. Al limitar el uso anómalo de la propiedad, se pretende garantizar que todas las personas tengan acceso a una vivienda digna y a los servicios urbanos necesarios para llevar una vida plena. Esto implica que la propiedad privada no puede considerarse un derecho absoluto, sino que debe estar sujeta a una serie de controles tanto externos como internos.

Uno de los objetivos de esta obra es destacar la relación íntima y complementaria entre la función social de la vivienda y la función social de la ciudad. El acceso a la vivienda es un elemento fundamental del derecho a la ciudad, ya que garantiza que todos los habitantes cuenten con un lugar digno donde residir en un entorno urbano socioeconómicamente más justo y acorde con un Estado social de bienestar. Sin embargo, esto por sí solo no basta para reforzar la idea de que la ciudad pertenece a quienes la habitan; es decir, todos deben tener el derecho de disfrutar de ella en condiciones de igualdad. Cuando esto no es posible, corresponde a las políticas de desarrollo urbano y a la planificación territorial abordar el acceso asequible a la vivienda y su conexión con otros derechos, como los que basan tanto la oferta suficiente de servicios públicos como un espacio urbano sostenible.

Capítulo I
El sistema constitucional español ante el derecho de propiedad

1. EL TRIBUNAL CONSTITUCIONAL DE ESPAÑA Y EL DERECHO DE PROPIEDAD

En 1984, en el Auto 588/1984, el Tribunal Constitucional de España (TCE) conoció una demanda en la que se solicitaba recurso de amparo ante una situación de desahucio e inminente lanzamiento. El contrato de alquiler acordado entre propietario e inquilino no estaba formalizado por escrito. Se trataba de una vivienda de protección oficial, lo cual significaba que parte de su valor venal era subvencionada con fondos públicos. Cuando el contrato verbal en cuestión fue incumplido por impago de la renta por parte del inquilino, los propietarios decidieron trasladar la querella a la justicia ordinaria. No obstante, el demandado, al considerar que sus derechos fundamentales podrían estar en peligro, interpuso un recurso de amparo por presunta violación de los arts. 9, 24 y 25 de la CE, tras la Sentencia del Juzgado núm. 8 de Madrid, cuya decisión fue confirmada en apelación por el Juzgado núm. 7 de Primera Instancia de Madrid, "al decretar el desahucio por falta de pago de la renta de la vivienda que ocupa el recurrente".

El demandante, por su parte, reafirma su postura sobre la falta de jurisdicción del tribunal que había confirmado el primer fallo de desahucio, argumentando que no se puede "desahuciar a un inquilino legalmente inexistente", ya que las viviendas de protección oficial no pueden ser arrendadas. Según su criterio, el juzgado debió reconocer su incompetencia y rechazar de oficio la demanda, pues se trata de una cuestión de orden público. Además, alega que se ha vulnerado el art. 24 de la CE, por no respetarse la normativa vigente, pues las garantías mencionadas en dicho precepto constitucional están directamente relacionadas con los principios de legalidad y seguridad jurídica. Finalmente, sostiene que se le ha causado indefensión al permitírsele recurrir únicamente ante el TCE.

Respecto a la vulneración del art. 25 de la CE, el recurrente sostiene que ha sido "condenado o sancionado por acciones u omisiones que en el momento de producirse no constituían delito, falta o infracción administrativa según la legislación vigente", tal como establece el citado art. 25. Por su parte, el TCE considera que la petición del demandante no cumplía con los requisitos formales para la admisión de su demanda, y que el reclamante había interpretado de manera equivocada los términos jurídicos "sanción" y "condena" al formular su petición de recurso de amparo. En este sentido, la Sección Primera del TCE, en el Fundamento Jurídico 1, destaca que el recurso de amparo tiene como objetivo proteger los derechos y libertades fundamentales reconocidos en los arts. 14 a 29 y 30.2 de la CE. No obstante, resalta que no es suficiente con simplemente evocar el contenido de alguno de estos artículos. Para que la demanda sea admitida, como establece el art. 49.1 de la Ley Orgánica del Tribunal Constitucional (LOTC), es imprescindible que haya una evidencia clara o prueba del hecho. El Fundamento Jurídico 1 también hace referencia a la necesidad de fundamentar adecuadamente la invocación. Si, a partir de la demanda y los documentos aportados, no se verifica efectivamente la violación alegada, el recurso será inadmitido por falta manifiesta de contenido constitucional, conforme al art. 50.2 b) de la LOTC. Este motivo de inadmisión también se aplica cuando la demanda solicita una satisfacción de derechos que excede la competencia del TCE. En este caso, la invocación de los arts. 24 y 25 de la CE por parte del demandante surge de una interpretación errónea tanto en su alcance como en su contenido.

En relación con el art. 24 de la CE, en el Fundamento Jurídico 2, el TCE entiende que el demandante confunde el recurso de amparo con una instancia adicional para revisar las resoluciones judiciales de un tribunal ordinario. Es evidente, y no se cuestiona, que el recurrente ha tenido acceso a la jurisdicción y ha obtenido tutela judicial efectiva a través de dos sentencias jurídicamente fundamentadas, dictadas mediante procedimientos en los que se verificó el cumplimiento de todas las garantías legales. En la visión del TCE, el recurrente no está alegando una vulneración de sus derechos reconocidos en el art. 24, sino simplemente su desacuerdo con las resoluciones judiciales y la fundamentación de los fallos anteriores. En este caso, el TCE no puede juzgar los hechos ni recalificar jurídicamente los mismos, ya que esto implicaría una invasión de las competencias exclusivas de los tribunales ordinarios, lo que vulneraría el art. 117.3 de la CE.

Por último, en el tercer Fundamento Jurídico, el TCE señala que el solicitante de amparo también invoca el art. 25 de la CE sin tener en cuenta que este precepto se refiere específicamente a la reserva de ley en materia penal, abarcando tanto el derecho penal criminal como el derecho administrativo sancionador, pero no puede aplicarse a ilícitos de naturaleza civil. En consecuencia, no se debe confundir un fallo en materia de arrendamientos urbanos con una decisión de naturaleza sancionadora. En otras palabras, el recurrente interpreta erróneamente el término "condena" que aparece en el fallo anterior, cuando lo que en realidad se decía era que el apelante debía pagar las costas de su demanda. Incluso el TCE respalda la interpretación de la fiscalía al reiterar que la palabra "condenar", en este caso, no se refería a la consecuencia de un delito o falta de naturaleza penal o administrativa, sino a un mandato judicial derivado de una pretensión resuelta por sentencia. Por lo tanto, no se puede considerar que se haya lesionado el precepto constitucional invocado.

Ahora, cabe retomar lo que el TCE pronuncia sobre la falta de pago de la renta. En la decisión se razona que el impago de un alquiler es ilícito de naturaleza civil, tal como habían entendido los juzgados anteriormente, y el TCE retoma esta línea de argumentación en su Fundamento Jurídico 2:

> Invoca también el solicitante de amparo el art. 25 de la Constitución sin tener en cuenta que tal precepto, como también viene señalando repetidamente este Tribunal, se refiere específicamente a la reserva de Ley en materia penal, abarcando ciertamente tanto el Derecho penal criminal como el llamado Derecho administrativo sancionador, pero sin que quepa su aplicación o extensión a simples ilícitos de naturaleza civil.

En la misma línea de argumentación, Fundamento Jurídico 3, el TCE sigue añadiendo que el caso es evidentemente un conflicto privatista, porque el tema de los arrendamientos urbanos de una vivienda no se enmaraña con los de carácter sancionador: "en modo alguno puede confundirse un fallo en materia típicamente privatista como es la de arrendamientos urbanos con una decisión de naturaleza sancionadora". Es más, en el Fundamento Jurídico 2, el TCE comenta que la producción de un desahucio es objeto de enjuiciamiento civil y, por esta razón, se abstiene de examinarlo por ser competencia exclusiva de los juzgados y tribunales ordinarios.

> En realidad, lo que, en definitiva, plantea [recurrente] no es la vulneración de los derechos reconocidos en el art. 24 de la Constitución, sino su disconformidad con las resoluciones judiciales y la fundamentación de éstas. Pero este Tribunal Constitucional no puede entrar en el enjuiciamiento de los hechos ni en la calificación jurídica de los mismos sin invadir competencias que son exclusivas de los Tribunales ordinarios (art. 117.3 de la Constitución), como reiteradamente viene manifestando.

En el mismo año de 1984, Auto 591/1984, el TCE apreció otro caso de amparo constitucional que cuestionaba una sentencia de desahucio y desalojo de una vivienda[2]. Como en la primera controversia mencionada anteriormente, se trataba de un conflicto entre propietario y arrendatario por incumplimiento de pago de alquiler. Una vez más, la parte demandante se utiliza del art. 24 de la CE para solicitar la protección de sus derechos fundamentales ante el TCE. El recurrente afectado en contra la orden de desahucio pide al TCE medidas cautelares contra un supuesto uso abusivo de poder por parte del propietario. En este caso, el inquilino alega su estado de indefensión, ya que el desahucio se mantuvo incluso después de haberse pagado parte de la deuda con el arrendador de la vivienda. Es cierto que el inquilino había satisfecho algunas de sus obligaciones dinerarias con el propietario, sin embargo, en conformidad con los razonamientos jurídicos que basaron la orden de desahucio, no estaba el arrendatario exento de sus obligaciones de pago y libre del incumplimiento de contrato porque seguía siendo deudor de otros pagos de alquiler posteriores a su primera reclamación en el juzgado de primera instancia. El recurso constitucional fue denegado, pues los magistrados del TCE no interpretaron la orden de desahucio dictada y confirmada en las decisiones anteriores como productoras de indefensión. Apoyándose en los arts. 44.1, "c", y 50.1 de la LOTC, el TCE fundamenta su decisión de denegar el recurso al afirmar que la vulneración de un derecho constitucional debe estar sostenida por flagrante acto u omisión del poder judicial y no simplemente por desacuerdo con lo que deciden los juzgados o tribunales ordinarios[3].

Aún en relación con el Auto 591/1984, resulta importante destacar que los impagos de alquiler culminan en la resolución de un contrato de arrendamiento, y ello no constituye suficiente fundamento para alegar indefensión ni causa válida para recurrir decisiones previas: "pues lo que exige el art. 44.1 c) (lo hemos dicho muchas veces) es la invocación del derecho fundamental violado, para que a partir de ella, el Tribunal, en este caso, el de apelación, examine el problema no sólo a la luz de las alegaciones con respaldo en violaciones de la Ley (en el caso de la L. A. U.) sino, además, desde la perspectiva del precepto constitucional". Igualmente, en el Fundamento Jurídico 3, el TCE subraya que no existe argumento de índole

---

2 Véase el Recurso de Amparo 538/1984, ATC 591/1984, de 10 de octubre de 1984, ECLI:ES:TC:1984:591A, Sección Tercera, Magistrados Don Jerónimo Arozamena Sierra, don Francisco Rubio Llorente y don Antonio Truyol Serra.

3 En este caso, el debido proceso para los recursos ante el TCE debe cumplir con el art. 404.2 de la LEC. Es decir, los preceptos constitucionales de una norma y su aplicación son de hecho competencia del TCE, pero para la eventual impugnación de una ley o desacuerdo de una decisión están los tribunales ordinarios.

constitucional que justifique recurrir una sentencia de desahucio por impago de renta.

> [...] como variante de la alegación de indefensión, esto es, que la acción de desahucio debió entenderse 'enervada' (en la terminología del art. 147 de la L. A. U.), es más importante destacar que no se ofrece aquí un problema con contenido constitucional, pues estando recogida en la L. A. U., la posibilidad de 'enervar' la acción en los casos y en los términos que dice el mencionado art. 147, y estando excluido tal efecto cuando concurra en el arrendatario un ejercicio contrario a la buena fe o que implique abuso de derecho, es el juez del proceso el que examina el caso desde esta perspectiva y aplica la solución que establece el mencionado art. 147. No hay, por tanto, desde ninguno de los aspectos que hemos dicho, contenido constitucional[4].

A continuación, analizaremos otro caso de desahucio, aunque esta vez no relacionado con impagos de alquiler. La STC 70/1989 de 20 de abril (*Tol 9735945*) evalúa un conflicto entre el propietario de un inmueble y tres arrendatarios: dos locales comerciales y una vivienda destinada a clínica dental. La controversia comenzó cuando el propietario del edificio, don Luis Rodríguez Sánchez, obtuvo del Gobierno Civil de Salamanca autorización para demoler el edificio. Los arrendatarios, viéndose perjudicados, presentaron recursos, primero en vía administrativa y luego en el ámbito contencioso-administrativo, solicitando la suspensión de la ejecución de la autorización. La Sala de lo Contencioso-Administrativo de la Audiencia Territorial de Valladolid, mediante Auto de 7 de marzo de 1985, otorgó esta suspensión, condicionándola a una caución de 100.000 pesetas, ya que consideró que dicha medida no afectaría el interés público y que los perjuicios de un cambio de domicilio serían "difícilmente reparables". Sin embargo, en una sentencia posterior, en contra de la de la Sala de lo Contencioso-Administrativo de la Audiencia Territorial de Valladolid, que había anulado la autorización de demolición emitida por el Gobernador Civil, el TS, Sala Cuarta, revocó la decisión de la Audiencia Territorial. Ante el fallo del TS, se interpuso el presente recurso de amparo. Cabe señalar que, en este conflicto entre propietario e inquilinos, el propietario presentó paralelamente una demanda en el ámbito civil para llevar a cabo la autorización de demolición, la cual fue aprobada, generando así la insatisfacción de los arrendatarios.

---

4 Recordamos que la Ley de Arrendamientos Urbanos que menciona el TCE es ya disposición derogada, Decreto 4104/1964, de 24 de diciembre de 1964 (*Tol 716083*), Texto refundido de la Ley de Arrendamientos Urbanos.

El fallo del TCE se fundamenta en que los arrendatarios no tenían derecho a exigir el aplazamiento del contrato, dado que el art. 79.1 de la Ley de Arrendamientos Urbanos (LAU) de 1964 respaldaba los derechos del propietario por encima de las necesidades de los arrendatarios en este caso[5]. Para resolver los conflictos de competencias y contradicciones entre resoluciones administrativas y judiciales, el TCE se apoya en la jurisprudencia de las SSTC 77/1983 de 3 de octubre (*Tol 79242*), 62/1984 de 21 de mayo (*Tol 79352*) y 158/1985 de 26 de noviembre (*Tol 79802*). Aunque los arrendatarios argumentaron su derecho a la protección judicial, dado que no pudieron negociar los términos de la resolución del contrato, el TCE rechazó este argumento como base para el recurso de amparo, al considerar que el art. 24.1 sobre indefensión no era aplicable en este contexto. Tampoco el TCE especifica qué configuraría una situación de indefensión en el contexto de la ejecución de un contrato de arrendamiento.

No obstante, la decisión en favor del propietario resulta fundamental para aclarar cuál es el aspecto del derecho a la tutela judicial efectiva que los recurrentes consideran vulnerado por la sentencia de la Sala de lo Civil de la Audiencia Territorial de Valladolid del 6 de junio de 1987. Los demandantes no sostienen que se les haya negado el acceso a la justicia ni que hayan sido puestos en situación de indefensión durante el proceso. Su objeción radica en que la sentencia recurrida no consideró la anulación anterior, por parte de la jurisdicción contencioso-administrativa, de la autorización de demolición dictada por el Gobernador Civil de Salamanca. A parte de eso, alegan que esta situación genera una contradicción, ya que la misma autorización gubernativa es reconocida en una decisión judicial firme y negada en otra. En el ámbito civil, el criterio del juez de primera instancia fue levantar la suspensión de la autorización gubernativa, reafirmando que no se trataba de una anulación.

Es posible reflexionar sobre el hecho de que la decisión de la Sala de lo Civil se aproxima a la idea de que el propietario tiene tanto la facultad como el derecho de demoler su edificio, tal como se observa en el Fundamento Jurídico 1 de la STC 70/1989 de 20 de abril (*Tol 9735945*). El razonamiento del tribunal confirma la primacía del derecho del propietario a

---

5 La Ley de Arrendamientos Urbanos a que nos referimos es la de 1964, aprobada por el Decreto 4104/1964, de 24 de diciembre de 1964 (*Tol 716083*), Texto refundido de la Ley de Arrendamientos Urbanos, vigente hasta 1994. Por lo tanto, los casos anteriores a la década de 1990 recaen en la LAU aprobada anteriormente a la Constitución de España de 1978. Hoy, la redacción vigente es la Ley 29/1994, de 24 de noviembre, de Arrendamientos Urbanos (*Tol 231076*).

disponer de su bien sin necesidad de justificar técnicamente esa decisión. Asimismo, el TCE reafirma una tradición que concibe el derecho de propiedad como absoluto, al no imponer control alguno sobre las intenciones de lucro del propietario, incluso cuando estas entran en conflicto directo con el derecho del inquilino. Además, se observa que el acto administrativo, al exigir del propietario ciertos criterios técnicos, es calificado como abusivo según la interpretación de la jurisdicción contencioso-administrativa en primera instancia. En este caso, la administración recomendaba que se presentaran los hechos relevantes que justificaran la propuesta de demolición, lo que representa un claro ejercicio de control externo por parte de los poderes públicos en materia de gestión y disciplina urbanística. No se cuestiona tampoco el predominio del interés individual del propietario sobre las consecuencias negativas de una rescisión contractual unilateral, lo que impide plantearse, por ejemplo, la posibilidad de una salida temporal del inquilino durante las obras. Esta perspectiva revela la ausencia de límites internos inherentes al derecho de propiedad frente a la terminación unilateral de un contrato de arrendamiento.

Ahora bien, al estudiar las bases de datos del TCE, el recurso de amparo ya aparece como un instrumento para promover la defensa del derecho a la vivienda en casos que no involucren impagos de alquiler. El ATC 203/1985 de 20 de marzo, por ejemplo, aborda un caso en el que se decidió que el recurso de amparo solicitado no tenía suficiente contenido para justificar su aplicación. Debido al cese de una relación laboral y ante la orden de desalojo, el demandante:

> interpuso recurso de amparo constitucional frente a la Sentencia dictada por el Juzgado de Primera Instancia núm. 18 de Madrid, el 1 de junio de 1984 (notificado el 4 siguiente), en autos de apelación dimanantes de juicio verbal de desahucio seguido ante el Juzgado de Distrito núm. 35 de esta capital, por estimar vulnerados los derechos fundamentales consagrados en los arts. 14 y 24 de la Constitución, y en concreto el derecho a la tutela efectiva de Jueces y Tribunales, evitando que se produzca indefensión.

Para el TCE, el inquilino invoca el art. 14 de la CE afirmando:

> la existencia de una discriminación por causa de la aplicación en este caso de lo establecido en el art. 30.3 de la Ley de Viviendas de Protección Oficial de 1976 y en el art. 138 de su Reglamento, normas que a su juicio conculcan los más elementales principios de justicia social y están en pugna con la Constitución, así como por la interpretación de las cláusulas del contrato tripartito que está en base de la relación arrendaticia.

En su Fundamento Jurídico 1, el TCE reafirma la sentencia del juzgado de primera instancia sobre la orden de desahucio a la que se opuso el recurrente en amparo: "el Juzgado de Primera Instancia revocó la Sentencia del Juzgado de Distrito, por estimar que no se había producido abuso de Derecho por parte de la Empresa, pero hizo también un examen de las excepciones procesales alegadas en la primera instancia para considerarlas inaceptables". En cuanto a las presuntas violaciones de los arts. 14 y 24.1 de la CE, el TCE sostiene que las sentencias previas de los juzgados acertadamente no identificaron ningún tipo de derecho vulnerado por parte de la empresa y, por ello, no cabía más remedio que rechazar las excepciones procesales planteadas por el recurrente en ese momento. Además, el auto aclara que el recurso de amparo no debe ser utilizado como una tercera instancia para revisar decisiones judiciales ya fundamentadas en derecho, por lo que se declaró la inadmisión del recurso debido a la falta de contenido significativo.

Una situación similar se observa en el ATC 85/1992 de 30 de marzo, en la que el recurrente, ex-Jefe de la Guardia Civil, había sido desalojado de su vivienda oficial tras el cese de su cargo en enero de 1990, por una orden del Director General de la Guardia Civil, ejecutada con autorización judicial en julio de 1990. El actor interpuso una demanda de amparo alegando vulneración de sus derechos a la inviolabilidad del domicilio, intimidad familiar y tutela judicial efectiva. Sin embargo, el TCE determinó que los órganos judiciales habían actuado conforme a derecho, verificando la legalidad de la orden administrativa y garantizando el cumplimiento de las garantías constitucionales. Además, concluyó que la demanda de amparo carecía de contenido, ya que el actor no actuó con la debida diligencia para proteger sus derechos ante los Tribunales contencioso-administrativos[6]. En ambos casos, el razonamiento del TCE se basa en la no admisión de la indefensión según el art. 24.2 de la CE de 1978, ya que el demandante no evidenció en las instancias ordinarias cómo sus derechos fundamentales podrían carecer de amparo. En adición, el auto señala que el afectado presentó, en esencia, un conjunto de alegaciones sin consistencia material o procesal que justificaran la viabilidad del amparo.

Hasta ahora, el debate constitucional sobre el derecho de propiedad en los años posteriores a la aprobación de la Constitución Española (CE) ha puesto de manifiesto la prevalencia del interés individual sobre el control externo ejercido por las administraciones públicas en esta materia. En este sentido, es importante destacar que el control interno, prerrogativa inherente al derecho del propietario, no implica desatender los límites impuestos por la ley; asimismo, la facultad discrecional de quien

---

[6] Véanse AATC 203/1985 de 20 de marzo y 85/1992 de 30 de marzo.

ostenta el título de propiedad no debe ejercerse al margen de la función social que esta conlleva.

Como ejemplo, podemos observar el caso del recurso de amparo 468/1985, en el cual la voluntad del propietario, quien simplemente reclamaba su inmueble sin destinarlo a una finalidad residencial, se enfrentó a dicha función social. El inquilino no había incurrido en impagos de alquiler y cuestionaba el fallo de desahucio de la Audiencia Provincial de Madrid, alegando la presunta incapacidad del propietario. Previamente, el Juzgado núm. 12 de Madrid había fallado a favor del inquilino al considerar que existían indicios para realizar una prueba pericial sobre la capacidad mental del propietario. Posteriormente, en instancia de apelación propuesta por el propietario, la Sección Tercera de la Audiencia Provincial de Madrid dictó un fallo que revocaba la resolución del Juzgado núm. 12 de Madrid en todos sus pronunciamientos, y en su lugar declaró resuelto el contrato de arrendamiento, condenando al demandado al desalojo en el plazo legal correspondiente.

En este recurso en particular, el Tribunal Constitucional Español (TCE) coincidió con la sentencia de desahucio de la Audiencia Provincial de Madrid y señaló que "la falta o no en el actor de las calidades para comparecer en juicio —falta de personalidad— no puede ser apreciada de oficio por el Juez, no habiéndose planteado la excepción del art. 533.2 de la Ley de Enjuiciamiento Civil, y que el presunto incapaz puede comparecer en juicio mientras no recaiga resolución declarativa de incapacidad (arts. 32, 218, 219 y 213 del Código Civil y 2 de la Ley de Enjuiciamiento Civil), tampoco es causa de indefensión, ya que es una resolución fundada en Derecho".

2. EL CONTROL EXTERNO E INTERNO: LA TRADICIÓN POR DETRÁS DE ELLOS

La definición de derechos, así como la creación de instituciones y principios jurídicos posteriores al régimen de Francisco Franco, desempeñaron un papel fundamental en el periodo de transición vivido por la sociedad española[7]. Por otro lado, España avanzó en los temas relacionados con

[7] La Reforma Suárez fue tomada en consideración por Miguel A. Aparicio bajo la noción de "operación política": "[...] se tratará de un plan preconcebido, estructurado y planteado como una especie de operación militar, con objetivos prefijados y contando con unas determinantes fuerzas de apoyo". Véanse Aparicio, M. A. (1980) y Verdú, P. L. (1976).

los derechos de propiedad, dejando en claro el papel de la propiedad y su control externo, verificado a través de la función social. No obstante, los constituyentes, quizá debido a la incertidumbre del momento o por la memoria de la Constitución de 1931 —que abordaba la expropiación forzosa y la utilidad social, con la posibilidad de no indemnización en su artículo 44, y la socialización de la propiedad— optaron por adoptar un enfoque ambiguo, lo que naturalmente impactó en el poder judicial del país (Villarroya, 1997, p. 160). En consecuencia, se entiende que replantear el sistema de propiedad y su aplicación en las sentencias tras la redemocratización resultaba impensable para jueces y magistrados. También es comprensible que los fallos de primera instancia no recurrieran al artículo 33.2 de la Constitución Española vigente, que podría haber proporcionado el fundamento para limitar externamente el abuso del derecho de propiedad en casos de viviendas desocupadas[8].

En la Constitución Española (CE), se separó la concreción de los derechos individuales de los derechos sociales en el Título I, Capítulos I y III. Esta división ha generado en la doctrina constitucional española la interpretación de que, por un lado, algunos derechos y libertades son considerados puro ius, mientras que, por otro, aquellos que funcionan como principios rectores de las políticas públicas tienen un enfoque distinto. Tal distinción explica muchas de las sentencias constitucionales, las cuales se presentan desconectadas de toda la sección sobre derechos sociales, como la educación, la salud y la vivienda. Además, esta división refleja la construcción simbólica de un contrato social basado en la diferencia conceptual entre el derecho de propiedad y la vivienda, entre el interés individual y el colectivo.

En el Fundamento Jurídico 2 del ATC 203/1985, de 20 de marzo de 1985, recurso de amparo 479/1984, por el cual se acuerda su inadmisión a trámite, el Tribunal Constitucional Español (TCE) declaró que los problemas humanos derivados de un desahucio como consecuencia del desempleo debían ser resueltos por los poderes públicos: "Cuestión distinta

---

[8] Sobre el régimen franquista y sus políticas que utilizaron el sistema de propiedad como cuestión política, lee: "La política de vivienda fue una de las políticas sociales clave en el franquismo, el buque insignia de los avances sociales del "régimen" —se atribuye a Franco el lema "un propietario más, un comunista menos"—, especialmente a partir de 1957, cuando se aprueba el llamado "Plan de Estabilización", que supone la apertura de la economía española a los mercados internacionales, superadas las tensiones de la postguerra mundial, el Estado se convierte en el primer promotor de vivienda". Véase Gaja i Díaz, F. (2015).

sobre la que no procede que se pronuncie este Tribunal Constitucional, por no ser de su competencia, el que se busquen por los Poderes Públicos soluciones a los problemas humanos que plantean los desahucios por cese de la relación laboral".

Otro aspecto formal interesante examinado por el TCE se encuentra en el ATC 225/1996, de 22 de julio, relativo a un lanzamiento. El recurrente invoca la protección del tribunal contra las sentencias del Juzgado de Primera Instancia núm. 3 de León y de la Audiencia Provincial de León, que rechazaron su demanda civil en amparo sobre la subasta y adjudicación de una vivienda por la Tesorería Territorial de la Seguridad Social en un procedimiento administrativo de apremio. La demanda fue desestimada por falta de reclamación previa en vía gubernativa, lo que el solicitante de amparo consideró una vulneración de su derecho a la tutela judicial efectiva. Por ello, se admitió el recurso de amparo. Posteriormente, el adjudicatario de la vivienda demandó al recurrente por desahucio, petición que fue aceptada en primera y segunda instancia. Es entonces cuando la persona afectada por la decisión solicita protección a través del recurso de amparo, alegando indefensión y falta de legitimación pasiva. Sin embargo, el TCE desestima la petición del recurrente.

Tras la lectura de este auto, se destacan algunas cuestiones interesantes que podrían ser objeto de investigación respecto al papel de la máxima competencia constitucional. La primera es el debate sobre el desalojo en sí mismo y cómo es apreciado por el tribunal en los casos. La mayoría de las veces, los jueces del TCE evitan el tema del desalojo y se enfocan en la falta de elementos procesales como el principal obstáculo cuando analizan un recurso de amparo. Deficiencias como el tiempo en los procedimientos judiciales, la inobservancia de las comunicaciones oficiales por parte de las víctimas del desahucio, o problemas relacionados con el poder judicial y otras formalidades, como la competencia jurisdiccional, son los mecanismos que el tribunal señala que los recurrentes deben tener en cuenta antes de plantear una posible indefensión, tutela judicial efectiva o el derecho a una apreciación del caso basada en normas jurídicas y el procedimiento legal adecuado. La segunda cuestión que observamos tiene que ver con la expectativa de que los abogados presenten pruebas y documentos excesivamente materiales para respaldar sus alegaciones.

El segundo asunto que surge en nuestra lectura es la dificultad de la Corte para trascender el contenido del recurso de amparo y profundizar en el debate constitucional. En los casos de desahucio, es habitual que el tribunal reitere sentencias anteriores de desalojo, justificando sus decisiones mediante el conflicto de competencias, sin abordar a fondo las cuestiones constitucionales subyacentes[9]. Entre las sentencias que hemos encontrado, centradas en materia de vivienda y desahucio, el Tribunal Constitucional Español (TCE) admitió muy pocos recursos de amparo en los que se pudo verificar la efectiva defensa del derecho a la vivienda. Lo que sí el TCE reiteradamente consideró, por ejemplo, entre los años de 1985 y 2000, salvo situaciones excepcionales, fue que "la ejecución de aquellas resoluciones judiciales que declaran la extinción o resolución de la relación arrendaticia y condenan al arrendatario al desalojo de la vivienda o local arrendado pueden originar un perjuicio difícilmente reparable en su integridad, y generan una situación irreversible que aconseja optar por la suspensión de la ejecución".

Como podemos ver en la STC 170/1998 de 21 de julio (*Tol 81024*), la arrendadora de un inmueble pudo terminar un contrato de alquiler justificando que necesitaba la vivienda desocupada para alojar a un ente familiar próximo. Por otro lado, el solicitante del recurso de amparo planteó de qué forma la propietaria de la vivienda donde vive él podría ejecutar un contrato de pleno derecho y, en caso de negativa, si una sentencia de desalojo del Juzgado de Primera Instancia de Sevilla núm. 19 produciría indefensión. Después de que su petición fuera desestimada en primera instancia, apeló a la Audiencia Provincial de Sevilla, Sección Segunda, alegando que la propietaria no requería el inmueble para alojar a un ente familiar, sino para echarle del piso y tenerlo desocupado. Este argumento fue ignorado por el tribunal provincial por falta de evidencias sobre lo que afirmaba el arrendatario. Así, se fijó la fecha del desalojo y fue cuando el apelante recurrió al TCE. En esta decisión, se aducen una serie de razones que remiten a la dificultad de establecer las pruebas y los nexos causales que pudieran comprobar la tesis del recurrente. Por eso, el TCE desestimó el recurso de amparo, pero consideró relevante un aspecto de control interno: es decir, la propietaria no estaba obligada a producir pruebas para comprobar la necesidad de tener la vivienda desocupada para su hija. Sin embargo, en el Fundamento Jurídico 4 de la sentencia, el TCE alude al hecho de que la Audiencia Provincial de Sevilla podría haber resuelto de forma motivada acerca de la necesidad o no de alguna evidencia, imponiendo así un criterio material de buena fe contractual: "En el presente caso, no estamos ante pruebas con las que se pretendieran acreditar hechos acaecidos después de dictarse la Sentencia de instancia, ni ante medios probatorios admitidos y

---

9 Comparar con el recurso de amparo 479/1984, ATC 203/1985 de 20 de marzo y el ATC 435/2006 de 23 de noviembre.

que no pudieron practicarse; se trata de pruebas sobre cuya falta de relevancia ya se pronunció de manera motivada el Juez de Primera Instancia, lo que no exoneraba a la Audiencia de resolver motivadamente acerca de su necesidad y pertinencia".

Pero ni siempre una ejecución contractual es favorable al propietario. En el ATC 435/2006 de 23 de noviembre, la sociedad Larreatxa, S.L., en desacuerdo con la resolución de un contrato de alquiler de un local, a través de su representante arrendatario, solicitó un recurso de amparo por entender que un desalojo dictado por un auto de la Sala de lo Civil y Penal del Tribunal Superior de Justicia de Navarra, además de producir pérdidas irreparables a su negocio, también configuraba su indefensión. En este caso, los magistrados del TCE agregaron a la decisión principios como el de "interés general" y el de "protección de los derechos individuales" vinculados a daños irreparables si el desalojo siguiera adelante. El tribunal afirma:

> Dispone el art. 56.1 LOTC que la Sala que conozca de un recurso de amparo suspenderá la ejecución del acto de los poderes públicos por razón del cual se reclame el amparo constitucional 'cuando la ejecución hubiere de ocasionar un perjuicio que haría perder al amparo su finalidad'; previéndose en el segundo apartado de este mismo precepto que la suspensión, no obstante, podrá denegarse cuando de aquélla 'pueda seguirse perturbación grave de los intereses generales, o de los derechos fundamentales o libertades públicas de un tercero'[10].

En esta sección, hemos observado que ninguno de los juicios seleccionados abordaba directamente la cuestión de la función social frente al interés de los propietarios. Sin embargo, los casos de desahucio están íntimamente relacionados con el derecho a la vivienda. Como breve comentario final para esta sección, sugerimos una reflexión sobre los temas de la protección individual, el uso del derecho de propiedad y las cuestiones de control interno. En lugar de consolidar la jurisprudencia en materia de vivienda al pronunciarse sobre el tema, los magistrados han preferido centrarse en las cuestiones formales de control externo del derecho de propiedad. Es decir, han optado por resolver la contienda jurídica en un contexto democrático, sin arrojar nueva luz sobre la ley del régimen franquista, específicamente la Ley de Arrendamientos Urbanos de 1964[11].

---

10 Véanse otros recursos de amparo similares en los AATC 314/1994 de 17 de noviembre, 171/1995 de 6 de junio y 213/1995 de 17 de julio.

11 De acuerdo con lo que leemos en el recurso de amparo 6424/2004, ATC 9/2007 de 15 de enero de 2007: "En efecto, conforme a la doctrina de este Tribunal la decisión sobre la admisión o inadmisión de un recurso, o la verificación de los

3. PARADOJAS RELEVANTES EN LA LEY DE ARRENDAMIENTOS URBANOS DE 1964

La Ley de Arrendamientos Urbanos (LAU) de 1964, es decir, la que estuvo en vigor durante el régimen franquista, en su Disposición Adicional Segunda, letra "a", afirmaba lo siguiente: "El alquiler obligatorio de aquellas viviendas que, susceptibles de ser ocupadas, no lo fueran por nadie". En 1994, con la nueva LAU, tal obligatoriedad fue abolida del sistema normativo y jurídico español. El antiguo texto legal autorizaba al Gobernador civil de la provincia a determinar, por lo tanto, la ocupación inmediata de una vivienda desocupada y así ejercer el control externo del derecho de propiedad mediante su potestad administrativa. Es más, la referida Disposición Adicional Segunda confería a los gobiernos provinciales el control de los inmuebles vacíos y la recepción de las denuncias en casos concretos. El procedimiento regulador también establecía plazo y finalidad para el acto administrativo: "A tales fines, el Gobernador civil de la provincia, comprobando sumariamente las denuncias que se le formulen, concederá al propietario el plazo de un mes para que se ocupen, precisamente como casa habitación y no como escritorio, oficina, depósito, almacén o local de negocio".

Por otro lado, algunos de los aspectos de la Disposición Adicional Segunda de la LAU de 1964 nos llaman la atención. El primero es el ejercicio del control externo impuesto a los propietarios de las viviendas desocupadas por causa de necesidad social. Luego, una especie de vigilancia social ejercida a través de las denuncias recibidas por el gobernador civil, las cuales podían convertirse en una obligación de actuar. Esta relación entre el gobierno, la administración y la comunidad civil configura una clase de lo que denominamos "efectividad vigilante" en contra del abuso, descuido, desatención o uso anómalo de una vivienda desocupada, etc. En tercer lugar, se encuentra la obligación impuesta de ocupación de una vivienda vacía por decreto del gobernador civil, a la que todo propietario estaba

---

presupuestos y requisitos procesales y materiales a que está sujeto, son cuestiones de legalidad ordinaria que corresponde resolver exclusivamente a los Juzgados y Tribunales en el ejercicio de la potestad jurisdiccional que les atribuye el art. 117.3 CE, sin que este tribunal pueda corregir la interpretación a que lleguen salvo que en ella concurran las notas de arbitrariedad, irrazonabilidad o error patente; ni es su función la de, entre dos interpretaciones razonables de una norma, elegir cuál de ellas le parece más razonable (STC 13/2002, de 28 de enero, FJ 6, entre otras)".

sujeto jurídica y administrativamente. En cuarto lugar, se observa la unión entre los controles externos del derecho de propiedad y un tipo de control social o función social. Aquí, encontramos un punto de extrema contradicción, pues es de un régimen político no democrático y centralizador del que surge una fórmula de distribución de riqueza social. Posteriormente, tras la comprobación de una vivienda desocupada y la existencia de un aspirante a inquilino, se configuraba una especie de contrato de arrendamiento forzoso mediado por la potestad administrativa de turno: "Y transcurrido dicho plazo sin hacerlo, dentro de los quince días que sigan, acordará aquella autoridad que sea ocupada por el primer aspirante a inquilino, en turno riguroso de antigüedad, que se hallare dispuesto a pagar como renta la exigida por el arrendador, si no fuera superior a la última declarada a fines fiscales o a la que sirva de base al tributo, de no haberse formulado declaración, y el aspirante advendrá inquilino de la vivienda con los derechos y deberes que le impone esta Ley, aunque el arrendador se niegue a otorgarle contrato, en cuyo caso la renta se determinará conforme a los datos fiscales que se expresan".

¿Y qué ocurría en los casos de impago de renta debido a una situación de paro forzoso, como hemos visto en la sección anterior? Según el art. 114 de la LAU de 1964, el contrato de arrendamiento urbano podría resolverse a instancia del arrendador por acuerdo con el arrendatario, considerando la situación económico-social del inquilino. Una de las posibles justificaciones para tal medio de negociación de un contrato de alquiler debido al impago de la renta era la situación de paro forzoso. Es decir, el arrendatario trabajador por cuenta ajena declaraba encontrarse sin trabajo y, consecuentemente, sin capacidad para hacer frente al pago de su alquiler. La exención no liberaba al arrendatario de la obligación de honrar su deuda con el propietario, sino que le otorgaba amparo legal para aplazar el pago y, si así lo convenían las partes, fraccionarlo, es decir, pagar en plazos con la intermediación administrativa de la Cámara de Propiedad, conforme a lo dispuesto en las demás normas.

> 1.ª La falta de pago de la renta o de las cantidades que a ésta se asimilan. Cuando proceda la resolución por esta causa se tendrá en cuenta lo dispuesto en los capítulos anteriores y en el Decreto de 17 de octubre de 1940, relativo a los obreros y empleados españoles que se encuentren en paro forzoso, así como las disposiciones complementarias cuya vigencia se reitera. La exención de pago, cuando proceda con arreglo al citado Decreto y disposiciones complementarias, se producirá aunque la renta de la vivienda rebase de 300 pesetas mensuales, siempre que la diferencia en más se deba a la aplicación de los aumentos que autoriza esta Ley, y comprenderá las cantidades que, según lo dispuesto en los dos capítulos precedentes, corresponda abonar al inquilino en situación de paro, de las cuales podrá resarcirse el arrendador

> por derrama, que se hará conforme al artículo 8.º de dicho Decreto. En estos casos, el arrendador deberá hacer las notificaciones de que tratan los dos capítulos anteriores a la Cámara de la Propiedad respectiva y ésta se subrogará en los derechos que se confieren al inquilino[12].

Conforme al Código Civil (CC) de España, en su art. 3.1, "Las normas se interpretarán según el sentido propio de sus palabras, en relación con el contexto, los antecedentes históricos y legislativos, y la realidad social del tiempo en que han de ser aplicadas, atendiendo fundamentalmente al espíritu y finalidad de aquellas". Además, se esperaba que los enfoques judiciales determinados por la ley tuvieran en cuenta los criterios de ocupación de vivienda, el contexto urbano y la realidad económica de los individuos y las familias. Una de las posibles razones para este contexto de generosidad social y solidaridad, algo que no cuadraba mucho con el régimen franquista, tiene que ver con la fuerte tradición del derecho de propiedad en el país, ya que era común la frase atribuida a Francisco Franco de que "un propietario más, un comunista menos". El alquiler accesible, las viviendas ocupadas y los conflictos contractuales entre arrendador y arrendatario, en aplicación del principio de proporcionalidad, creaban en el consciente colectivo de la clase trabajadora la sensación de justicia social con orden. Una norma con contexto y realidad social, carne y hueso, para que el proceso de acumulación de capital a duras penas, el endeudamiento hipotecario y el sueño de ser propietario —todos aspectos ideológicos alimentados durante el régimen franquista— se convirtieran en instrumento de legitimación de la propia realidad política del país[13].

---

12 Véase el art. 114, § 1, de la Ley de Arrendamientos Urbanos de 1964, aprobada por el Decreto 4104/1964, de 24 de diciembre de 1964 (*Tol 716083*), Texto refundido de la Ley de Arrendamientos Urbanos. La STS 180/2014 de 27 de marzo (*Tol 4177439*) estableció como doctrina jurisprudencial que el pago completo de la renta de alquiler de una vivienda extemporáneo al plazo y después de haber sido presentada una demanda de desahucio, no obstaculiza la resolución del contrato de arrendamiento ni elimina la posibilidad de declarar enervada la acción de desalojo. Esto se aplica incluso si la demanda se basa en el impago de una sola mensualidad de renta, y el arrendador no está obligado a tolerar retrasos frecuentes en el pago de las rentas periódicas por parte del arrendatario. Es innegable que la sentencia del TS de 2014 se basa en una formalidad jurídica que refuerza la tradición del derecho de propiedad y del uso absoluto, o sea, que la propiedad y el derecho a la vivienda no se conectan de todo excepto por relación contractual por usufructo.

13 La Agencia EFE posee numerosos artículos de prensa y fotografías sobre el apoyo masivo de la clase trabajadora a Francisco Franco, con enorme popularidad del Ministerio de la Vivienda y del plan nacional de construcción y urbanismo. Véase EFE. (2024).

Joaquín Tomás Villarroya asegura que "el caudillaje", que se define para los efectos de nuestra discusión como una responsabilidad política del general Franco para con el pueblo, fue un amplio acuerdo moral. El contrato social invisible estaba cohesionado bajo los valores del respeto, la confianza y la devoción. Las instituciones funcionaban estrictamente como instrumentos técnicos del Estado: "Las instituciones del régimen —Cortes, Consejo del Reino, Consejo Nacional del Movimiento— eran para él instrumentos técnicos de gobierno, pero que no debían menoscabar el mando que, en determinados dominios, se reservaba absolutamente"[14]. Franco incorporó en su personalidad una figura de tutela autoritaria, en la que él mismo pasó a ser visto como el núcleo del imperio de la ley. La religión, la patria, la familia, el orden social y la propiedad fueron así los principales pilares de la organización política española durante el período 1936-1975. Tal cultura de poder antidemocrática afectó, sin duda, al TCE en materia de vivienda y otros derechos sociales durante los años siguientes a la transición, pues la corte tuvo que asumir, tanto *de iure* como *de facto*, la responsabilidad de emitir la última palabra al dirimir controversias en el derecho interno, sin tensionar el sistema de propiedad. En otras palabras, se centró en el derecho de propiedad, generando a la vez una supuesta jerarquía de derechos.

Aún dentro de esta tendencia contractualista del TCE, que hemos destacado a lo largo del presente capítulo en materia de arrendamientos y desahucios, a partir de este punto se presentan decisiones con resultados más cercanos a la efectividad del derecho a la vivienda. La STC 135/1986, de 31 de octubre (*Tol 123320*), nos presenta el caso de una mujer divorciada que alega indefensión ante una decisión de desalojo dictada por el Juzgado núm. 3 de Salamanca. Aunque una sentencia previa del Juzgado de Primera Instancia núm. 2 de Salamanca, de 16 de junio de 1982, había decretado su separación matrimonial y le había adjudicado la vivienda, sus alegaciones no tuvieron efecto ante el Juzgado núm. 3 de Salamanca, que no reconoció su personación en el proceso. El recurso de amparo fue admitido por el TCE, que declaró nula la sentencia de desahucio. Según

---

14 "La responsabilidad política ante el pueblo no se planteaba por cuanto se consideraba que éste profesaba al Caudillo devoción y respeto, además, le dispensaba una confianza total, permanente y continuamente renovada. La adhesión o supuesta adhesión de los españoles al General Franco se manifestó, formalmente, en los referéndums, de claro signo plebiscitario, celebrados con ocasión de la aprobación de la Ley de Sucesión en julio de 1947 y de la Ley Orgánica del Estado en diciembre de 1966". Léase Villarroya, J. T. (1997, p. 147-148).

los jueces, el derecho a ser demandado no podía ser rechazado por el ordenamiento jurídico, como establece el art. 55.1, "c": "Restablecimiento del recurrente en la integridad de su derecho o libertad con la adopción de las medidas apropiadas, en su caso, para su conservación". Es decir, el procedimiento formal para evitar la indefensión y el art. 24.1, al que siguieron los arts. 7, 90, 91, 96 y 445 del CC, dieron soporte a la decisión del TCE[15]. Sin embargo, el TCE apenas apreció conflictos entre inquilinos y propietarios que produjeran indefensión mediante orden de desalojo. Además, también se pronunció sobre la actuación administrativa en casos de expropiación forzosa.

En la STC 199/1998 de 13 de octubre (*Tol 81052*), se expone que, debido a un expediente administrativo de expropiación forzosa, el Gerente Municipal de Urbanismo de Madrid ordenó el desalojo de la vivienda de dos propietarias a través de un procedimiento administrativo. Las propietarias, que previamente se habían negado a aceptar el justiprecio ofrecido, junto con los intereses de demora correspondientes, presentaron un recurso contencioso-administrativo contra estos actos ante el Tribunal Superior de Justicia de Madrid, con el fin de suspender dichos actos. La suspensión fue denegada por auto, por lo que las demandantes interpusieron un recurso de súplica que también fue desestimado. Posteriormente, presentaron un recurso de casación, que aún no había sido resuelto. Se trata de un claro conflicto de competencias, relacionado con lo que denominamos anteriormente el ejercicio del control externo del derecho de propiedad, plasmado en un orden de expropiación forzosa de naturaleza administrativa: "Mientras todo esto ocurría en la vía contencioso-administrativa, la Gerencia Municipal de Urbanismo solicitó, sobre la base del art. 87.2 de la L.O.P.J., la autorización judicial para la entrada en el domicilio de las recurrentes con el objeto de ejecutar el desalojo. Por Auto de 10 de julio de 1996, el Juzgado de Instrucción núm. 42 de Madrid, en las diligencias indeterminadas 267/96, concedió la citada autorización, fundamentando su decisión en que, en el proceso contencioso-administrativo, el Tribunal

---

[15] La STC 135/1986 de 31 de octubre (*Tol 123320*), en sus fundamentos jurídicos, reitera varios artículos del CC español como su art. 7 que defiende el derecho a los demás; arts. 90 y 91, la unidad habitacional familiar; el art. 96, sobre la igual responsabilidad y el consentimiento mutuo y el art. 445 que se refiere a la copropiedad. El art. 10 de la CE sobre el derecho de los demás también fue citado por el TCE.

Superior de Justicia de Madrid había desestimado la suspensión de los actos administrativos"[16].

De acuerdo con el Fundamento Jurídico 2 de la sentencia 199/1998 del TCE, dado que en el presente caso el proceso contencioso-administrativo se había iniciado antes de solicitar la autorización para entrar en el domicilio, la concesión de dicha autorización para "entradas administrativas" quedaba fuera del alcance del art. 87.2 de la Ley Orgánica del Poder Judicial (LOPJ).

> En este mismo sentido, se pronunció la STC 211/1992 que circunscribió el ámbito de aplicación del art. 87.2 L.O.P.J. para las autorizaciones que, de forma muy expresiva, denomina "entradas administrativas"; y, finalmente, en la STC 50/1995 puntualizamos que en el art. 87.2 de la L.O.P.J. tan sólo se contempla la ejecución forzosa de los actos administrativos; pero cuando estos se han sometido a un proceso contencioso-administrativo, es el órgano judicial que conoce de éste el que, una vez firme la Sentencia y de conformidad con el art. 104 de la Ley de la Jurisdicción, lo comunica al órgano competente de la Administración para que lo lleve a "puro y debido efecto".

En este caso, la intervención del Juzgado de Instrucción, provocada por la solicitud de la Gerencia Municipal de Urbanismo, impidió que un tribunal de lo contencioso-administrativo pudiera proporcionar una tutela judicial efectiva en su plenitud, resultando en una vulneración del derecho garantizado por el art. 24.1 de la CE para las recurrentes. Así, el TCE estima el recurso de amparo solicitado por las propietarias, primero, declarando la conculcación del derecho a la tutela judicial efectiva y, en consecuencia, anulando el Auto del Juzgado de Instrucción núm. 42 de Madrid, el Auto del mismo juzgado que había desestimado el recurso de reforma interpuesto contra la decisión anterior, así como el Auto 16/97 de la Sección Quinta de la Audiencia Provincial de Madrid, de 8 de enero de 1997.

Situación similar y relacionada con el derecho a la vivienda se observa en la STC 197/2013 de 2 de diciembre (*Tol 4052774*), en la que se analiza la ocupación de una finca rústica en un perímetro rural en la comarca de La Laguna, Isla Cristina, Islas Canarias. La posesión fue impugnada por el Ministerio Fiscal, ya que la familia ocupante del inmueble no contaba con un título de propiedad ni ningún otro documento que certificara la posesión legítima de la finca. Así, en contra de los recurrentes se interpuso una demanda de desahucio, cuyo conocimiento correspondió al Juzgado

---

16 Letra "c" del apartado "Antecedentes" en la STC 199/1998 de 13 de octubre (*Tol 81052*).

de Primera Instancia e Instrucción núm. 2 de Ayamonte. Dado que la localización de la finca era imprecisa, la comunicación por correo tradicional no fue posible. No obstante, el orden de desalojo dictado por el juzgado se mantuvo. En un nuevo requerimiento, el fiscal del Estado "solicitó que la demanda se notificara por edictos, a lo que se accedió por diligencia de ordenación de 16 de julio de 2012, procediendo a la publicación de estos en el tablón de anuncios del Juzgado [...]". Tras los intentos frustrados de notificación de los afectados, se celebró un juicio en el que solo compareció la parte actora de la demanda, y el juzgado dictó una sentencia estimatoria: "Llegado el día señalado para el acto de desalojo, la comisión judicial se constituyó en el domicilio de los demandados, en el que se habían intentado las sucesivas notificaciones de la demanda. Encontrados allí, los ahora recurrentes manifestaron no tener conocimiento alguno del pleito, por lo que el Secretario Judicial suspendió la diligencia, señalándola para que tuviera lugar en un día posterior". Los demandantes de amparo, entonces, presentaron un incidente de nulidad de actuaciones, argumentando que el domicilio proporcionado para su emplazamiento no tenía suficientes detalles para localizar el inmueble, lo que resultó en la falla de todas las notificaciones intentadas. Por esta razón, los ocupantes de la finca no comparecieron al procedimiento ni pudieron ejercer su derecho de defensa cuando se dictó la sentencia.

De acuerdo con los arts. 51 y 56.6 del Reglamento del Tribunal Constitucional, se suspendió el orden ordinario y se paralizó el procedimiento judicial para el desalojo. Luego, amparándose en el art. 52.1, el TCE solicitó a la instancia ordinaria y al Ministerio Fiscal que mostraran las diligencias escritas que sustentaron el proceso judicial. Tras constatar que los poseedores no fueron comunicados legalmente, el TCE consideró inaudita parte debitoris en el Fundamento Jurídico 3 y, consecuentemente, vulnerado el art. 24.1 de la CE: "a fin de que se provea por el Juzgado a su emplazamiento en términos respetuosos con el derecho fundamental a la tutela judicial efectiva sin indefensión (art. 24.1 CE), esto es, cumpliendo con su obligación de agotar los medios de notificación personal antes de acudir a los edictos". La sentencia ordinaria fue anulada y todas las instrucciones para formar el debido procedimiento tuvieron que volver a la etapa de comunicación[17].

---

[17] El TCE también hace referencia a otros casos como las SSTC 219/1999 de 29 de noviembre (*Tol 263382*) y 61/2010 de 18 de octubre (*Tol 1993380*) en que se asienta la jurisprudencia cuya finalidad sea evitar procedimientos judiciales ineficaces dictados ilegalmente por defectos de notificación. Véase también la STC

El recurso de amparo propuesto por Girabelmar S.L., que se encuentra en la STC 181/2015 de 7 de septiembre de 2015 (*Tol 5528993*), se debió básicamente a la negativa del arrendador a enviar un correo electrónico a sus deudores. El conflicto comenzó cuando los inquilinos no pagaron la renta a la que estaban obligados por el alquiler de un local comercial. El caso ordinario fue evocado por la Agencia Inmobiliaria Vista Isleña S.L., debido a la deuda y al hecho de que los arrendatarios abandonaron el lugar sin rescindir formalmente el contrato. El arrendador exigió al Juzgado Núm. 1 de Marbella que dictara sentencia de desahucio y la obligación de los antiguos poseedores de cumplir con sus obligaciones económicas. Una vez que la petición fue estimada, el juez procedió a las audiencias. En la fase de vistas, no se pudieron localizar a los inquilinos, por lo que el juzgado dictó sentencia interlocutoria. Cuando los arrendatarios se enteraron de que formaban parte de un juicio sin haber tenido la oportunidad de defenderse, cuestionaron la decisión, afirmando que se les podría haber comunicado a través de la segunda dirección que figuraba en el contrato de alquiler. Además, los inquilinos tenían conocimiento de la sentencia, ya que la Agencia Inmobiliaria utilizó el domicilio facultativo para informarles de la finalización del juicio. Los inquilinos del local solicitaron así que el TCE estimara su recurso de amparo, ya que el Juzgado Núm. 1 de Marbella había causado su indefensión.

Tras analizar el caso, el TCE entiende que hubo una violación de los arts. 24.1 y 24.2 de la Constitución Española, y añadió el art. 156 de la Ley de Enjuiciamiento Civil (LEC) para subrayar que los inquilinos podrían haber tenido la oportunidad de un juicio justo si se les hubiera comunicado a tiempo: "[...] el contenido argumental de la primera queja se refiere, más que al derecho a un proceso con todas las garantías del art. 24.2 CE o al derecho de acceder al proceso, o al derecho a la tutela judicial efectiva sin padecer indefensión del art. 24.1 CE, siendo éste, precisamente, el derecho cuyo reconocimiento se pide de manera inequívoca en el petitum de la demanda". El TCE estimó el recurso de amparo y anuló la sentencia interlocutoria, por lo que el proceso judicial tuvo que volver a la etapa de audiencias. Asimismo, recurriendo a algunos principios de derecho, los

---

169/2014 de 22 de octubre (*Tol 4552849*), *Noelia Rodríguez Gil* contra *Mercantil Construcción Cogucho S.L.*, sobre anulación de decisiones de primera instancia por defecto de comunicación y producción de indefensión.

magistrados del TCE citaron los de "procedimiento contradictorio" y de la "mala fe procesal" de los arrendadores[18].

Hasta aquí hemos comentado numerosas sentencias del TCE, cuyo objeto de análisis son los desahucios, desalojos y lanzamientos. Todas las demandas en cuestión ante el tribunal desde 1978 han forjado un cuerpo de fuentes de derecho y solidificado, a la vez, una *ratio decidendi* constitucional en torno al derecho de propiedad, casi sin conexión con el derecho a la vivienda. Lo que se denominó anteriormente como control externo —los deberes o los límites impuestos por la ley a los propietarios— también se aplica cuando un propietario exige de las competencias administrativas y del poder judicial que se haga efectivo su derecho. Lo que queda por ver es si el TCE, que indudablemente ejerce influencia sobre el poder judicial, superará la visión privatista en sus sentencias para ampliar los controles internos del derecho de propiedad.

Recordemos que, por los límites internos que se imponen al uso de la propiedad, nos referimos justamente a lo contrario de un derecho absoluto y de tradición civilista[19].

No es difícil encontrar en las sentencias del TCE, hasta el año 2008, decisiones que reproducen una visión jurisprudencial binaria sobre los conflictos derivados del derecho de propiedad: derecho de propiedad versus derecho a la vivienda. Los desahucios son problemas humanos y forman parte del imaginario social e histórico del país, especialmente después de la crisis inmobiliaria, que tuvo efectos traumáticos para la sociedad española. Incluso estos son hechos relevantes que pueden ser perfectamente recogidos a la luz del art. 3.1 del CC español. Por ello, exigen de los legisladores y del TCE, generadores de Derecho y centrales en un Estado social y democrático de derecho, que no pierdan la sensibilidad humana ante la instrumentalidad jurídica[20].

---

18 La jurisprudencia en este sentido se encuentra en las SSTC 30/2014 de 24 de febrero de 2014 (*Tol 4143263*), 122/2013 de 20 de mayo de 2013 (*Tol 3781151*) y 58/2010 de 4 de octubre de 2010 (*Tol 1971566*).

19 En el ATC 588/1984 de 10 de octubre de 1984, leemos: "en modo alguno puede confundirse un fallo en materia típicamente privatista como es la de arrendamientos urbanos con una decisión de naturaleza sancionadora".

20 Cabe recordar que en el Fundamento Jurídico 2 del ATC 203/1985 de 20 de marzo, recurso de amparo 479/1984, por el cual se acuerda su inadmisión, el TCE declaró que los problemas humanos derivados de un desahucio consecuencia del desempleo debían ser resueltos por los poderes públicos: "Cuestión distinta sobre la que no procede que se pronuncie este Tribunal Constitucional, por no ser de su competencia, el que se busquen por los Poderes Públicos soluciones a los problemas humanos que plantean los desahucios por cese de la relación laboral".

Capítulo II

El derecho de propiedad español, su expropiación y control

1. DERECHO DE PROPIEDAD Y LAS FORMAS DE CONTROL

En 1983, se interpuso ante el TCE un recurso de inconstitucionalidad contra el Real Decreto-ley 2/1983 en relación con la expropiación forzosa de la sociedad anónima RUMASA, por motivos de utilidad pública e interés social[21]. El conglomerado empresarial, que era un grupo de José María Ruiz-Mateos y Jiménez de Tejada, marqués de Olivera, y de su familia, estaba compuesto por diversas instituciones financieras y empresas, tales como bancos, hoteles, producción vinícola, almacenes, tiendas de lujo, alimentación, seguros, industria naval y farmacéutica, y construcción. En el recurso de inconstitucionalidad núm. 116/1983, presentado por don José María Ruiz-Gallardón, en calidad de representante y comisionado de cincuenta y cuatro diputados adicionales, se solicitaba la nulidad del real decreto, se denunciaba la vulneración del derecho de propiedad privada y el incumplimiento de las vías parlamentarias que el gobierno debía agotar antes de proceder con la expropiación[22]. Igualmente, el recurso se dirigía al TCE para que dictara la corrección de los errores formales detectados en el Real Decreto-ley 2/1983, es decir, la supuesta confusión entre expropiación-pleno dominio e intervención-auditoría: "En la corrección de errores publicada en el 'Boletín Oficial del Estado' al día siguiente, se incorpora el art. 128.2 de la Constitución para justificar el Decreto-ley. La invocación de este precepto termina por confundir la actuación del Gobierno, ya que, o se adquiere el pleno dominio o se acuerda la intervención de las empresas. Lo que no se puede hacer es ejecutar ambas acciones simultáneamente: si el Estado es propietario, no interviene, y si interviene, no es propietario".

El caso de expropiación forzosa de la sociedad anónima RUMASA resume de manera amplia los dos controles a los que nos referimos en el capítulo anterior, es decir, el control externo del derecho de propiedad y su con-

---

21 Véase STC 111/1983 de 2 de diciembre (*Tol 79276*).

22 En 1989, la Alianza Popular fue refundada con la aprobación de muchos políticos de derecha en un nuevo partido político español llamado Partido Popular.

trol interno[23]. El recurso de inconstitucionalidad presentado contra el Real Decreto-ley 2/1983 se fundamentó en la presunta violación del art. 86.1 de la Constitución de España (CE). Este artículo imponía dos limitaciones esenciales al decreto. Primeramente, se cuestionaba si el Real Decreto-ley 2/1983 cumplía con este requisito, ya que la necesidad de recurrir a esta figura legislativa excepcional debería estar plenamente justificada. Después, si el decreto en cuestión podría estar regulando materias que afectaran derechos fundamentales y libertades públicas, lo cual estaría explícitamente prohibido. Además de esta impugnación global, se señalaron violaciones específicas, pues se alegó una serie de vulneraciones, entre ellas, la del derecho a la inviolabilidad del domicilio consagrado en el art. 18.2 de la CE, la del derecho de asociación protegido por el art. 22 de la CE y del derecho a la jurisdicción, establecido en el art. 24 de la CE. Asimismo, se invocan en el recurso otros artículos de la Constitución para sustentar la impugnación, como la seguridad jurídica y prohibición de la arbitrariedad, art. 9.3 de la CE; y su art. 14 sobre el hecho de que el Decreto-ley podría estar sembrando desigualdades injustificadas. Para el TCE, un punto crucial planteado por el recurso fue analizar si la conversión del Decreto-ley 2/1983 en la Ley 7/1983 afectaba el contenido del proceso de impugnación. Según los magistrados, no se trataba de una derogación simple, como prevé el art. 86.2 CE, sino de una sustitución conforme al art. 86.3 CE, ya que la Ley 7/1983 había reemplazado al Decreto-ley con efectos retroactivos.

Establecida la diferenciación entre la norma pasible de impugnación y la que ha desencadenado los efectos de la expropiación forzosa, el control de constitucionalidad del Decreto-ley se mantuvo legítimo y necesario, asegurando su uso adecuado tal como prevé el art. 86.1 CE. Así, conforme los arts. 86.2 y 86.3 CE, respectivamente, la convalidación de un Decreto-ley por parte del Congreso no alteraba su naturaleza y la conversión en

---

23 El control externo es definido por los límites impuestos al derecho de propiedad a través de ley o principio constitucional, por ejemplo, función social de la propiedad, ley de expropiación forzosa, leyes antitrust, etc. En el control externo, los abusos son materia que exigen actuación de oficio tanto de las potestades administrativas como parlamentarias o del poder judicial mediante provocación. Por otro lado, el control interno se precisa por acto del propietario motivado por su interés en ejercer su derecho de conformidad con lo que establece la ley. Ejemplo de esto se ve en el pagamento de tasas, impuestos, uso lícito, solicitud de licencias urbanísticas, etc. En el caso de la sociedad anónima Rumasa, su auditoría interna no se concretó por decisión de su cuerpo directivo sino por orden del Banco de España, o sea, una obligación que impone la ley y que el propietario o sus representantes quienes deberían ejecutarla no una autoridad externa.

ley no impedía que el Decreto-ley fuera objeto de un recurso de inconstitucionalidad. Sin embargo, es importante destacar que los recurrentes habían impugnado únicamente el Decreto-ley, no la Ley 7/1983, siendo de este modo claro para el TCE que la expropiación legislativa contenida en la Ley 7/1983 no era precisamente objeto del recurso. De acuerdo con el TCE, el único procedimiento capaz de anular la Ley 7/1983 y la aplicación del principio de retroactividad en ella sería el no cumplimiento con los requisitos constitucionales en la aprobación y promulgación del Real Decreto-ley.

La decisión del TCE reconoce que el art. 86.1 de la CE permite al Gobierno dictar normas con rango de ley en situaciones de extraordinaria y urgente necesidad, siempre que no afecten a materias prohibidas y se sometan de inmediato al Congreso para su convalidación o conversión en ley. Por añadidura, destaca el tribunal que este mecanismo es una excepción al procedimiento legislativo ordinario, de carácter provisional hasta su convalidación, y su utilización está estrictamente regulada, sujeta a control parlamentario y jurisdiccional. El mismo art. 86.1 de la CE exige, en casos de necesidad extraordinaria y urgente, una conexión lógica entre la situación y la medida adoptada. Este control abarca tanto el ámbito parlamentario como el jurisdiccional. El TCE subraya que interviene para garantizar que el decreto-ley se utilice conforme a la Constitución, sin comentar sobre el contenido de las decisiones gubernamentales, pero siempre atento a posibles abusos o usos arbitrarios. Por ello, el Decreto-ley no podía vulnerar el derecho de propiedad del art. 33 de la CE. Las garantías expropiatorias deben ser respetadas, permitiendo la expropiación por utilidad pública o interés social, con la correspondiente indemnización. Según el TCE, la expropiación del Grupo RUMASA, realizada mediante el Decreto-ley 2/1983 y posteriormente convertida en Ley 7/1983, cumplió con estos requisitos. Por otra parte, la expropiación por decreto-ley en situaciones extraordinarias y urgentes es legítima si se justifica la necesidad de una acción inmediata para evitar riesgos graves para la sociedad y el orden económico en su conjunto.

Como los recurrentes alegaban que el Real Decreto-ley 2/1983 violaba la libertad de empresa (art. 38 CE) y la reserva legal (art. 128.2 CE) en relación con el art. 86.1 CE, argumentando que la intervención del Gobierno sobre la economía debía estar limitada y regulada por ley formal, el Tribunal Constitucional señaló en el Fundamento Jurídico 9 que la expropiación de empresas no constituía una sustracción de recursos del sector privado, ya que las empresas podían ser reprivatizadas por el Estado. En el Fundamento Jurídico 11, el tribunal destacó que el Decreto-ley incluía disposiciones instrumentales para el control del Grupo RUMASA, así como medidas relacionadas con la expropiación y el justiprecio. Los arts. 3 y 6 del Decreto-ley establecían claramente el contenido de utilidad pública y ocupación urgente, en este caso, legítimos y necesarios para el objetivo expropiatorio. Además, los arts. 4 y 5, que tratan sobre el justiprecio, fueron reemplazados por la Ley 7/1983, por lo que su análisis en este proceso no era necesario.

En su último Fundamento Jurídico, el TCE se pronunció nuevamente sobre los principios de seguridad jurídica (art. 9.3 CE) e igualdad ante la ley (art. 14 CE), refutando la hipótesis de los recurrentes de que el Decreto-ley era arbitrario y discriminatorio. El TCE consideró que tal alegación carecía de fundamento, ya que no se presentaron pruebas de tratamientos diferenciados en otras crisis financieras ni se demostró cómo el Decreto-ley infringía el principio de igualdad. Asimismo, se argumentó que las medidas de intervención siempre se ajustan a la entidad, las situaciones específicas y los intereses generales afectados. Así, el TCE desestimó el recurso de inconstitucionalidad que solicitaba la anulación del Real Decreto-ley 2/1983.

Cuatro años después, sobre la polémica expropiación forzosa de la sociedad anónima RUMASA, el TCE dictó la sentencia 37/1987 al analizar el recurso de inconstitucionalidad núm. 685/84: "Por escrito fechado el 27 de septiembre de 1984, don Luis Fernández Fernández-Madrid, abogado y senador, en su propio nombre y en el de 53 senadores más, interpuso recurso de inconstitucionalidad contra determinados artículos, que se concretan en el suplico, de la Ley 8/1984, de 3 de julio, de Reforma Agraria, aprobada por el Parlamento de la Comunidad Autónoma de Andalucía". Uno de los puntos del recurso de inconstitucionalidad se refería a la competencia del poder autonómico para aprobar una ley de reforma agraria. La solicitud invocaba que el TCE reafirmara la competencia exclusiva del Estado para regular la expropiación forzosa, con el fin de proteger las materias 1.ª y 18.ª del art. 149.1 de la CE[24]. Así, en el Fundamento Jurídico 3, el TCE se pronuncia sobre la constitucionalidad de la Ley 8/1984, de 3

[24] Véase la STC 37/1987 de 26 de marzo (*Tol 79746*), Fundamento Jurídico 2: "[…] en efecto, esa dimensión social de la propiedad privada, en cuanto institución llamada a satisfacer necesidades colectivas, es en todo conforme con la imagen que de aquel derecho se ha formado la sociedad contemporánea y, por ende, debe ser rechazada la idea de que la previsión legal de restricciones a las otrora tendencialmente ilimitadas facultades de uso, disfrute, consumo y disposición o la imposición de deberes positivos al propietario hagan irreconocible el derecho de propiedad como perteneciente al tipo constitucionalmente descrito".

de julio, de Reforma Agraria, aprobada por el Parlamento de Andalucía, y rechaza el supuesto conflicto entre la ley autonómica y la competencia exclusiva del Estado. El TCE destaca la coherencia plena que la legislación autonómica guarda con los arts. 33 y 53.1 de la CE, respectivamente, relativos al derecho de propiedad y a las garantías y derechos fundamentales. Asimismo, se examinan los arts. 2, 3, 15.1 y 20 de la Ley de Reforma Agraria de Andalucía, argumentando que efectivamente permiten la imposición de limitaciones a la propiedad privada y, en su caso, la expropiación de sus facultades de uso y disfrute como sanción por el incumplimiento de la función social de la propiedad.

En cuanto al art. 2 de la ley, se discute si éste permitiría a la Administración Autonómica establecer criterios que vulneren la propiedad privada. Se concluye que la ley no autoriza una intervención ilimitada y arbitraria de la Administración, sino que sus acciones deben ajustarse a las normas establecidas y pueden ser revisadas por los órganos judiciales competentes. Además, se señala que la habilitación para fijar criterios está sujeta a las regulaciones de la propia Ley de Reforma Agraria, lo que brinda previsibilidad y certeza jurídica. Por lo tanto, la expropiación de las facultades de uso y disfrute no supone una privación total del derecho de propiedad, ya que el propietario conserva su titularidad sobre el bien y recibe una indemnización adecuada en caso de que su derecho sea objeto de desposeimiento. Así, se refuta la idea de que toda expropiación de estas facultades implique una expropiación total del dominio, y se destaca que la regulación legal establece plazos, contraprestaciones económicas y garantías para el propietario. El TCE, en resumen, sostiene que los preceptos impugnados de la ley no vulneran la CE, ya que están sujetos a regulaciones legales y garantizan los derechos de los propietarios. Se argumenta que cualquier aplicación inconstitucional de la ley podría impugnarse ante los tribunales competentes, pero esto no justifica la nulidad de la norma en su totalidad.

Sobre la supuesta violación de la libertad de empresa alegada en el recurso, en el Fundamento Jurídico 5 de la sentencia, el TCE destaca que la libertad de empresa debe ejercerse dentro de los límites establecidos por la función social de la propiedad rústica, lo que incluye restricciones y deberes impuestos por la Administración de acuerdo con la ley. De este modo, se examinan los artículos impugnados, concluyendo que no menoscaban la libertad de empresa. El art. 2 de la Ley de Reforma Agraria, por ejemplo, no permite una aplicación inconstitucional, directa y desproporcionada de la norma, ya que ésta misma ofrece subsidios para que se interprete junto con habilitaciones y competencias muy claramente delineadas. Del mismo modo, el art. 18.2 no impone restricciones forzosas a los empresarios agrícolas, sino que proporciona orientaciones que no limitan su libertad de elección[25].

En cuanto al art. 25, que también se intentaba impugnar, el TCE aclara que este no obliga a los empresarios a realizar mejoras e inversiones según criterios impuestos por la Administración. Lo que sí permite es que los propietarios del negocio presenten sus propios planes de mejora en materia de planeamiento, gestión y disciplina urbanística; es decir, en nuestra terminología, que el uso de la propiedad conlleve una combinación de límites internos y externos. Solo en casos de incumplimiento de la función social de la propiedad se podrían imponer medidas forzosas, lo que se considera una sanción legal justificada y que, en casos extremos semejantes, las limitaciones a la libertad de empresa derivadas de la función social de la propiedad no infringirían su contenido esencial, pues es materia constitucional garantizar el adecuado aprovechamiento de la tierra y sus recursos hacia el interés general.

Sobre la invasión de la competencia exclusiva del Estado para regular ciertas materias por parte del Parlamento de Andalucía, hipótesis central del recurso, el TCE entiende todo lo contrario. Razona que la ley autonómica sobre reforma agraria corrobora la constitucionalidad y los preceptos de la expropiación forzosa encontrados en el art. 148.1.18 de la CE. Esto es porque la defensa de los recurrentes no demostró de qué manera el art. 149.1.18 de la reserva de ley se veía amenazada por la ley andaluza, es decir, de qué forma la norma autonómica excedía la ejecución del mandato constitucional y pasaba a regular la materia. El TCE también resalta que el desarrollo de los aspectos organizativos de la expropiación, siempre y cuando se respeten los principios establecidos por la legislación estatal sobre expropiación forzosa, es legislable por los parlamentos autonómicos, y añade que la ley incluso asegura una justa compensación económica a los posibles afectados, lo que implica una regulación uniforme en todo el territorio nacional, evitando el tratamiento distinto de los bienes expropiados.

El texto también aborda la idea de que la expropiación forzosa es un medio legítimo para que los poderes públicos alcancen sus fines de utilidad pública o interés social, lo que implica que las Comunidades Autónomas pueden determinar, dentro de sus competencias constitucionales, los supuestos en los que procede la expropiación. Esto incluso reforzaría la

---

25 Hasta este punto, lo que hace el TCE es equilibrar en su razonamiento lo que hemos definido como control externo e interno del derecho de propiedad.

actuación y coordinación económica general del Estado. Es más, en cuanto a la impugnación basada en la vulneración de la competencia estatal exclusiva en materia de legislación civil, otra hipótesis del recurso de inconstitucionalidad, el TCE explicita que la regulación de la función social de la propiedad por parte de la ley autonómica no constituye una invasión de las competencias del Estado en el ámbito civil, ya que la función social de la propiedad se superpone a la legislación civil en este caso concreto. De hecho, la igualdad de todos los españoles en el ejercicio de sus derechos, según lo establecido en la Carta Magna, depende de tal actuación, de manera que la aplicación del principio de función social sea uniforme en todo el país. La función social de la propiedad, determinada por las leyes, implica identificar los fines de interés general que deben satisfacer los bienes privados y lo que sí está permitido es que la función social pueda estar justificada desde diferentes enfoques legislativos según las características de cada región.

Por último, el TCE menciona que la regulación autonómica de la propiedad agrícola no puede separarse arbitrariamente de la reforma y del desarrollo agrario en cada región. Aunque el Estado tiene la competencia para regular la función social de la propiedad, esto no impide que las Comunidades Autónomas establezcan su propia legislación, siempre que respeten las regulaciones básicas estatales. Añade que la Ley de Reforma Agraria de Andalucía respeta los principios establecidos por la legislación estatal y el principio de autonomía de las regiones, ejercitando sus facultades la Comunidad Autónoma incluso sin interferir en el papel de la Hacienda del Estado. Los Fundamentos Jurídicos 12, 13 y 14, más detenidamente, analizan la inconstitucionalidad del Impuesto sobre Tierras Infrautilizadas en Andalucía, llegando a la conclusión de que un impuesto de una comunidad autónoma se aplica con independencia y que, en este caso, la Comunidad Autónoma de Andalucía tiene competencia para establecerlo. Por otro lado, señalan que el impuesto autonómico no grava el mismo hecho imponible que otros impuestos estatales, por lo que no hay duplicidad impositiva. Así, el tribunal concluye que el Impuesto sobre Tierras Infrautilizadas no es inconstitucional y reconoce que los tributos pueden tener finalidades no exclusivamente recaudatorias, siempre que exista capacidad económica y que el impuesto no sea confiscatorio. Por todo lo que el TCE expuso, el recurso de inconstitucionalidad presentado por don Luis Fernández Fernández-Madrid, comisionado por 53 senadores, fue desestimado.

A pesar de la jurisprudencia asentada, tal como identificamos en las SSTC 111/1983 de 2 de diciembre (*Tol 79276*) y 37/1987 de 26 de marzo

(*Tol 79746*), respectivamente, sobre el Grupo Rumasa y la Ley de Reforma Agraria de Andalucía, es importante aclarar que el razonamiento del tribunal en cuanto a los controles externos e internos del derecho de propiedad no ha evolucionado hacia el derecho a la vivienda. Es más, la ratio decidendi en cuestión parece afectar de manera significativa el propio desarrollo y la regulación urbanística española. Esto es porque, precisamente, tales materias no se alejan para nada ni de la expropiación forzosa ni de la función social. Así, en los extremos, tenemos de un lado la jurisprudencia del TCE y del otro el interés general que parece restringirse cada vez más al tema de los controles. Sin embargo, a diferencia de los dos recursos anteriores de inconstitucionalidad, contra la expropiación forzosa del Grupo Rumasa y la Ley de Reforma Agraria de Andalucía, encontramos un tercer fallo, la STC 93/2015 de 14 de mayo (*Tol 5001983*), que sí examina el concepto de función social de la propiedad y su despliegue en las formas de control externo. La diferencia es que este tercer recurso trata de la interferencia de la Comunidad de Andalucía desde dos perspectivas en materias con reserva de ley. Una de ellas pregunta si actos normativos del poder legislativo autonómico violan la CE al aprobar leyes que afecten el derecho de propiedad, estando este constitucionalmente bajo la competencia exclusiva del Estado. La segunda indaga si el mismo poder autonómico amenaza con su labor legisladora al propio CC español al traspasar el ejercicio del control sobre el derecho de propiedad ya regulado por el Estado.

La sentencia del Pleno 93/2015 del TCE, de 14 de mayo de 2015, trata del recurso de inconstitucionalidad 4286-2013, presentado por el Presidente del Gobierno contra tres artículos del Decreto-ley de Andalucía 6/2013, de 9 de abril, por el que se establecía nueva redacción a los arts. 1.3, 25 y 53.1 a) de la Ley 1/2010, de 8 de marzo, reguladora del derecho a la vivienda en Andalucía, y la disposición adicional segunda del Decreto-ley 6/2013, de 9 de abril, de controles para asegurar el cumplimiento de la función social de la vivienda. La sentencia aborda si un decreto-ley autonómico puede regular el ejercicio del derecho de propiedad, las condiciones básicas de igualdad, legislación civil y ordenación general de la economía. Aunque comentaremos los antecedentes de la decisión y después sus fundamentos jurídicos, para entender mejor la razón encontrada por el TCE antes de estimar parcialmente el recurso de inconstitucionalidad 4286-2013, adelantamos su fallo. Sobre el art. 1.3 del Decreto-ley 6/2013, el tribunal declara su nulidad, como también la de los apartados 5 y 6 del art. 25 y del art. 53.1 a); así como la inconstitucionalidad y nulidad de la disposición adicional segunda del mismo decreto. En síntesis, se anulan en estos tres artículos objeto de la ley, la definición de viviendas deshabitadas y la definición de las infracciones o del control externo. Por lo que se refiere a la redacción del art. 1 del Decreto-ley 6/2013, de 9 de abril, de límites para asegurar el cumplimiento de la función social de la vivienda, el TCE la entiende en conformidad con la CE, siempre que la interpretemos "como instrumento de política autonómica de fomento de la vivienda en alquiler en los términos establecidos en los fundamentos jurídicos 13, 14 y 15 de esta resolución". El pleno desestima el recurso en todo lo demás.

Ahora bien, pasemos a comentar la sentencia 93/2015. En un primer momento, se menciona en el apartado de los antecedentes del recurso sobre la competencia del Estado para regular aquellas condiciones básicas que garantizan la igualdad de todos los españoles en el ejercicio de los derechos constitucionales, art. 149.1.1 CE. A continuación, se hace referencia a la legislación civil, art. 149.1.8 CE, y al hecho de que esta no debe estar amenazada ni por la definición de vivienda deshabitada ni por las políticas de fomento que la implementen por fuerza de ley. Luego, se destaca la posible vulneración del derecho de propiedad, basándose en el entendimiento de que su contenido esencial y sus condiciones básicas se veían realmente amenazados por la norma aprobada por el Parlamento de Andalucía. La demanda añade que, según el art. 149.1.1 de la CE, la regulación de la función social de la propiedad es competencia exclusiva del Estado, al imponer controles externos al ejercicio del derecho de propiedad y al establecer obligaciones específicas para sus titulares, ya que cualquier regla limitadora debe formar parte de las condiciones básicas que aseguran la igualdad de todos los españoles en el ejercicio de sus derechos y en el cumplimiento de sus deberes constitucionales. Es más, para los demandantes no puede haber un concepto de función social para cada comunidad autónoma, y cualquier límite dictado por una ley no tendrá como finalidad la restricción de la libertad del propietario. Por otro lado, el recurso de inconstitucionalidad invoca la jurisprudencia del TCE en cuanto a la exigencia de uso habitacional efectivo de propiedades desocupadas. Se argumenta que este punto aún quedaba por pacificar, pues, en otro caso anterior, el TCE ya examinaba el art. 1.3 de la Ley 1/2010, supuestamente inconstitucional[26]. Respecto al art. 149.1.8 de la CE, el recurso señala que

---

26 El art. 1.3 redactado por la Ley 4/2013 de la Comunidad Autónoma de Andalucía que regula el derecho a la vivienda fue declarado, posteriormente, conforme a la CE por sentencia del TCE, Sala Pleno, de 12 abril 2018, recurso de inconstitucionalidad núm. 7357-2013, STC 32/2018 de 12 de abril de 2018 (*Tol 8485295*): "Declarar que el artículo 1.3 de la Ley 1/2010, de 8 de marzo, reguladora del derecho a la vivienda en Andalucía, redactado por la Ley 4/2013, de 1 de octubre, de la

el TCE ya había determinado que la regulación de la función social de la propiedad, como consecuencia del propio derecho de propiedad, tiene reserva de ley de rango civil y, en este sentido, las comunidades autónomas podrán conservar y desarrollar su contenido[27]. El argumento revisita incluso la sustentación que hizo el Consejo de Estado en un expediente previo a la interposición de este recurso, en el que se afirmaba que: 'no cabe admitir que una Comunidad Autónoma pueda definir en abstracto y por sí sola el alcance de un derecho de naturaleza civil, invocando para ello una competencia meramente sectorial. Esta puede, sin duda, dar cobertura a una regulación que se proyecte sobre instituciones civiles, pero no regular directamente por sí sola tales instituciones.

¿Por qué razón este recurso de inconstitucionalidad es problemático? Primero, porque podría haber exigido del TCE que dictara una sentencia exponiendo de qué modo el poder sancionador administrativo debería actuar para evitar y mitigar la realidad de las viviendas desocupadas en Andalucía. Segundo, cómo el control del derecho de propiedad coincidiría con el derecho a la vivienda en la ejecución de políticas públicas, la ordenación territorial y urbanística. Así, avanzaríamos en el entendimiento jurídico constitucional sobre los controles externos que deben recaer sobre el derecho de propiedad. También se abordaría el tema de las expropiaciones temporales del uso de viviendas en procedimientos de ejecución hipotecaria, que también es materia del Decreto-ley de Andalucía 6/2013, en su disposición adicional segunda, en relación con la declaración del interés social a efectos de expropiación forzosa para la cobertura de la necesidad de vivienda de personas en circunstancias especiales de emergencia social.

El principio de coordinación, mandato constitucional del art. 98.2 de la CE, obliga a la Presidencia del Gobierno a armonizar sus funciones con las de sus ministros. El mismo principio aparece en el art. 103.3 del texto constitucional, donde se afirma que la Administración Pública sirve con objetividad los intereses generales y actúa de acuerdo con él. ¿Cuál sería el sentido de un esfuerzo semejante en un recurso de inconstitucionalidad?

Comunidad Autónoma de Andalucía, de medidas para asegurar el cumplimiento de la función social de la vivienda, es conforme a la Constitución Española, interpretado de acuerdo con el fundamento jurídico 7 de esta Sentencia". En el momento en que se analiza el recurso de inconstitucionalidad 4286-2013, sus autores dudan de la validez de la presente norma análoga a otra anterior ya cuestionada en el mismo sentido.

27 Referencia a la STC 37/1987 de 26 de marzo (*Tol 79746*) comentada anteriormente.

El art. 149.1.13 de la CE no deja pistas sobre lo que creemos ser el amago de la querella entre la Presidencia del Gobierno y la Comunidad Autónoma de Andalucía, es decir, las bases y la coordinación de la planificación general de la actividad económica, de modo que, si hubiera un plan nacional de desarrollo urbanístico y construcción de viviendas a largo plazo, los propietarios de este país estarían menos preocupados por los límites externos de su derecho.

2. LA HERENCIA DE LOS CONTROLES EXTERNO E INTERNO EN DEBATE

El TCE casi elaboró lo que llamamos una sentencia adecuada sobre el conflicto entre el uso del derecho de propiedad y los arrendatarios con la STC 89/1994 de 17 de marzo (*Tol 82497*). La disputa judicial se inició cuando la propietaria del inmueble cuestionó la constitucionalidad del art. 57 del Decreto 4.104/1964 de 24 de diciembre, Texto Refundido de la Ley de Arrendamientos Urbanos, relativo a la prórroga forzosa de los contratos de arrendamiento en la hipótesis de no estar ella de acuerdo con lo que la inquilina residente estaba dispuesta a pagar. En ese momento, la ley decía que el arrendador estaba obligado a renovar el contrato observando especialmente las cláusulas originales relacionadas con el precio de la renta acordado por las partes. Concepción Aguirre Gómez había alquilado un piso pagando sistemáticamente una cantidad mensual que era considerada por el arrendatario inferior a la suma de lo que en aquel momento se practicaba en el mercado. El litigio llegó al TCE cuando la propietaria, María del Mar Bernaldo de Quiró, intentaba aumentar la renta de su inmueble en casi cien veces más en comparación con el precio fijado en el contrato. La decisión del tribunal fue categórica respecto a los elementos de conexión entre el derecho de propiedad y su función social. Según el tribunal, el art. 33 de la CE de 1978 prevé en su apartado II la noción de uso no absoluto. Por otra parte, la sentencia vinculaba la función social con el derecho a la vivienda y el derecho a un domicilio familiar estabilizado, tal y como se desprende, respectivamente, de los arts. 47 y 39.1 de la Constitución española en el Fundamento Jurídico 5 de la sentencia.

> La historia de la regulación de los arrendamientos urbanos muestra efectivamente que la introducción de la prórroga forzosa, entre otras medidas, respondía a una finalidad tuitiva de intereses que se consideraban necesitados de una especial protección, concretamente la de los arrendatarios ante la situación del mercado inmobiliario; ello se verifica incluso en las mismas Exposiciones de Motivos de las leyes reguladoras de este tipo de arrendamientos (así, en la de la Ley de Bases de 22 de diciembre de 1955). En el contexto de

> la vigente Constitución, esa delimitación del derecho de propiedad encuentra una justificación en la proclamación del art. 47 del Texto fundamental, que recoge el derecho a disfrutar de una vivienda y ordena a los poderes públicos que promuevan las condiciones para ello necesarias. Además, no puede olvidarse la relevancia que la continuidad del arrendamiento reviste para la protección de la estabilidad del domicilio familiar, y de la misma familia, en la línea de lo dispuesto en el art. 39.1 de la Constitución. Responde así a la función social de la propiedad inmobiliaria, sin vulneración constitucional, que el legislador establezca una limitación de esa propiedad que, sin suponer su vaciamiento o desfiguración, pueda contribuir (con mayor o menor fortuna, según las distintas teorías económicas) a satisfacer un derecho constitucionalmente afirmado. Y debe señalarse que un razonamiento similar puede llevarse a cabo respecto del arrendamiento de locales de negocio, en cuanto que la prórroga forzosa representa un favorecimiento, por el legislador, del mantenimiento de empresas o actividades económicas ya establecidas, atendiendo a consideraciones de apoyo a la producción y al empleo, respaldadas por los mandatos de los arts. 35, 38 y 40 de la Constitución".

Sin embargo, es interesante el análisis de la lógica planteada por la reclamante, una vez que revela su puro criterio económico detrás de las cuestiones de inconstitucionalidad planteadas. En el Fundamento Jurídico 2, se menciona la realidad en el momento de la sentencia, que no difiere de la anterior, cuando se había aprobado la LAU de 1964. Además, se aborda la cuestión económica de los desequilibrios ocasionados por la oferta y la demanda de viviendas asequibles en el país:

> La Exposición de Motivos de la Ley de Bases para la reforma de la legislación de arrendamientos urbanos de 22 de diciembre de 1955 exponía y justificaba como fundamento del mantenimiento de la prórroga forzosa en dichos contratos que, "sin embargo, no se pretende ofrecer con la presente Ley otras soluciones al problema que las estrictamente permitidas por las circunstancias actuales. La escasez de viviendas, determinante de un profundo desequilibrio entre la oferta y la demanda para la adquisición arrendaticia de aquéllas, subsiste con el agobio de una realidad incontestable, y esta misma realidad impide al Gobierno alterar los principios cardinales que sirvieron de norte al legislador de 1946, como antes a sus predecesores, a partir del Decreto de 21 de junio de 1920".

En el Fundamento Jurídico 2, sobre los motivos en que se basan los legisladores y la realidad cambiante:

> Es decir, las razones que inspiraron al legislador de 1955, y posteriormente al de 1964, son las mismas, se han mantenido invariables y hacen referencia a una situación de postguerra, donde la falta de viviendas, como manifestación de la falta de desarrollo económico, podía justificarla necesidad de favorecer a un arrendatario económico y socialmente débil, frente a un propietario, en teoría, económica y socialmente más poderoso, probablemente con la finalidad legalmente reconocida de fomentar el derecho a una vivienda dig-

> na y además estable, frenando la especulación que sobre la vivienda podría existir precisamente por su escasez. Ahora bien, las circunstancias históricas de 1946, de 1955 y de 1964 no tienen identidad con las realidades jurídicas, sociales y económicas que disfruta nuestro país en 1989.

En cuanto al art. 57 de la LAU y la desigualdad económica entre las partes, el TCE afirma que, aunque el principio de igualdad sea fundamental en el Derecho civil y en los contratos, no exige que lo mismo sea perfecto entre las partes en todos los casos, ya que el Derecho de contratos admite diversas configuraciones. En relación con la vulneración del art. 14 de la CE, no se puede hablar de discriminación, ya que para que exista, debe haber una posición de igualdad previa entre las partes. En este caso, las partes son desiguales desde el principio debido a la titularidad del derecho de propiedad, que una de las partes posee y la otra no, lo cual no es relevante desde un punto de vista económico, social ni jurídico.

> En primer lugar, no existe ni puede existir discriminación alguna en el art. 57 de la L.A.U. Del art. 14 C.E. no se deriva con carácter general y absoluto el principio de la igualdad contractual, sin desconocer su indudable importancia como auténtico principio estructural clásico del Derecho civil y, en general, del Derecho de contratos. El derecho fundamental a la igualdad proyectará sin duda sus exigencias sobre el derecho de contratos, y en determinadas ocasiones postulará la igualdad de las partes, o un determinado alcance y características de tal igualdad; pero no puede exigir una igualdad perfecta de las partes contractuales en todo contrato y situación, igualdad perfecta que ni el propio derecho de contratos recoge en todos los casos y que está sujeta a variadísimas configuraciones. Pero, respecto de la vulneración no del principio de igualdad contractual, sino del art. 14 C.E., falta uno de los presupuestos necesarios para constatar la existencia de discriminación; y es que las partes tratadas desigualmente no parten previamente de una posición de igualdad, sino que son sustancialmente desiguales. Ello porque así ocurre estructuralmente en gran número de contratos y, sobre todo, porque en este caso la desigualdad previa radica en un elemento absolutamente irrelevante desde un punto de visto económico, social y jurídico: la titularidad del derecho de propiedad, que posee una de las partes y la otra no.

En lo que se refiere al problema de la oferta y la demanda de viviendas sociales, no se trata de una solución fácil debido a que la propiedad tiene un comportamiento inelástico. Es decir, ni la oferta ni la demanda producen efectos inmediatos en el mercado. Solo veríamos precios más bajos a partir de un plan nacional de viviendas protegidas, por ejemplo, a medio y largo plazo. Por otro lado, la compra de viviendas requiere ahorros y, de esta forma, solo a largo plazo los individuos y las familias empezarían a demandar una mayor cantidad de viviendas ofertadas. También es cierto que, dada la historia de la propiedad como fuente de acumulación de capital, el acceso a la vivienda asequible depende de una narrativa sobre la finalidad del derecho de propiedad, su vínculo inmanente con el derecho a la vivienda y los controles externos e internos para evitar o mitigar las unidades habitacionales desocupadas. Ese razonamiento se percibe claramente en los actos parlamentarios que tienden a promover una protección legal de las familias y las personas vulnerables después de la crisis económica de 2008, mientras que "las fuerzas del mercado" pueden considerar tales actos legislativos como una amenaza al derecho de propiedad.

3. LA TRANSCENDENCIA DE LOS CONTROLES EXTERNO E INTERNO

3.1. Sentencias catalanas hacia el derecho a la vivienda

El concepto de trascendencia que proponemos sobre el derecho de propiedad implica una mayor armonización entre los controles externos e internos. Como ya hemos señalado, el ejercicio de esta combinación tiene como sujeto interesado, por un lado, al propietario, quien no solo debe entender que el uso de un bien inmueble tiene límites, sino también una función social. Por otro lado, este razonamiento surge de la urgencia en España de destinar bienes inmuebles en arrendamiento a un derecho de uso responsable, sobre todo en el ámbito residencial. Este es el punto clave en el debate: cuanto más inmuebles posee un propietario, mayor debe ser su conciencia sobre el efecto de no limitar su uso al interés individual indiscriminado. Además, el control interno de la propiedad no debe entenderse como la plena incorporación de los criterios de control externo, ni como una autorregulación en materia urbanística. Más bien, se trata de un sujeto de derecho que reconoce que su propiedad se inserta en un ordenamiento jurídico e institucional, en el cual la función social también lo protege de los distintos usos anómalos susceptibles de sanción. Para matizar un poco más el debate, los casos que analizamos en esta subsección abordan algunos de los conflictos jurídicos entre la administración pública local y los grandes tenedores de viviendas desocupadas.

En 2014, el Ayuntamiento de Terrassa sancionó a Bankia S.A. por tener varias viviendas desocupadas durante un periodo superior a dos años en el municipio de Terrassa, Cataluña. El acto administrativo se basó en la Ley 18/2007 de la Vivienda de Cataluña y, específicamente, en su artículo 41.3, que prevé sanciones para aquellos propietarios cuyo uso de la propiedad se clasifique como anómalo[28]. Las cuantías de las sanciones varían según la naturaleza de la infracción, el perfil del tenedor y el tipo de infracción. Ante las multas coercitivas, el banco presentó un recurso contencioso-administrativo argumentando que había cumplido con las disposiciones de la ley, pues la fecha que el Ayuntamiento utilizó para establecer el plazo legal era errónea. La institución aportó documentos alegando que la posesión del inmueble era posterior al tiempo calculado por la administración.

El Ayuntamiento de Terrassa respondió a esta alegación con evidencias de que el inmueble había tenido su contrato de suministro de agua interrumpido desde hacía más de dos años. Después de las vistas, se concluyó que la vivienda no había sido ocupada durante el periodo establecido por la ley, y que la institución no pudo demostrar lo contrario, sino solo un contrato de alquiler de 2015, es decir, posterior a la interposición del recurso en el contencioso-administrativo. En el Fundamento Jurídico 2 del fallo se indica, por un lado, el incumplimiento del artículo 41.3, lo que obligó al poder sancionador a actuar tras inspecciones y comprobaciones. Por otro lado, se resalta la inercia de la institución al no hacer efectivo un convenio que ella misma había firmado con la Agencia de la Vivienda de Cataluña en 2014. Aquí tenemos dos ejemplos claros de control del derecho de propiedad: el primero, externo, nace de la potestad administrativa; y el segundo, de naturaleza interna, es responsabilidad del banco en cuanto a ocupar la vivienda. El hecho de que el juzgado de lo contencioso-administrativo reconozca e incluya la responsabilidad legal de Bankia S.A. en cumplir con un convenio firmado para destinar viviendas vacías a personas y familias como un deber perseguido es lo que denominamos trascendente.

> El expediente administrativo muestra por un lado, la actuación municipal desplegada con inspecciones y comprobaciones varias acreditando el estado de desocupación de la vivienda de referencia y por otro, que la recurrente no ha llevado a cabo ninguna actuación para cumplir los requerimientos municipales tendentes a la ocupación de la vivienda en los términos pautados por la Ley 18/2007 a excepción: 1) del convenio de colaboración firmado con la Agencia de la Vivienda de Cataluña el 21/2/2014 (poco antes del dictado de la resolución de 28/2/2014 por la que se incoa el oportuno expediente), firma que no le exime de responsabilidad pues el cumplimiento del citado convenio y la consecuente ocupación de la vivienda depende de la voluntad de la recurrente y, 2) del contrato de arrendamiento que acompaña con la de-

---

[28] El art. 5 de la Ley 18/2007 de la Vivienda de Cataluña afirma que el "ejercicio del derecho de propiedad debe cumplir su función social". El art. 118 de la misma norma prevé una gradación de las cuantías de las sanciones lo que implica un razonamiento en la aplicación del principio de proporcionalidad.

manda de fecha 10/2/2015, posterior a la interposición del presente recurso. Es por ello que procede desestimar el recurso planteado.

Los casos trascendentales se propagan en Cataluña como un esfuerzo de los ayuntamientos para hacer efectivo el derecho a la vivienda. En contra de las grandes agencias inmobiliarias, fondos de inversión y activos financieros propietarios de numerosas viviendas, la actuación administrativa está motivada por el pleno cumplimiento de la ley. Esto no implica que los grandes tenedores, al ser sancionados, no tengan la oportunidad de demostrar la responsabilidad de ocupar viviendas vacías de conformidad con lo previsto en la propia ley. El Juzgado de lo Contencioso-Administrativo 9 de Barcelona desestimó otro recurso interpuesto por Criteria Caixaholding S.A., confirmando la resolución del 23 de enero de 2015 dictada por el teniente alcalde del Área de Planificación Urbanística y Territorio del Ayuntamiento de Terrassa[29]. ¿Y por qué se impone la multa al banco? El Fundamento Jurídico 3 de la decisión detalla que: "El artículo 5.2.b) de la Ley de la Vivienda señala que: 'existe incumplimiento de la función social de la propiedad de una vivienda o un edificio de viviendas en el supuesto de que la vivienda o el edificio de viviendas estén desocupados de forma permanente e injustificada.'". En este punto, es evidente que la efectividad de la función social es de orden interno, pues es responsabilidad del gran tenedor ejercerla.

La Ley 18/2007, de 28 de diciembre, del derecho a la vivienda, tiene como finalidad regular el derecho a una vivienda digna y adecuada conforme al texto constitucional que el artículo 1 de la norma catalana incorpora. Como medida para hacer este derecho efectivo, una vivienda permanentemente desocupada, por lo tanto en situación anómala, habilita a las Administraciones Públicas para instruir un procedimiento administrativo, artículo 41 de la ley catalana, y, por ende, penalizar a los propietarios que

---

[29] Véase Criteria Caixa Holding S. A. contra Ayuntamiento de Terrassa, Procedimiento Abreviado 137/2015, sentencia 325/2015, Juzgado de lo Contencioso-Administrativo 9 de Barcelona, 10 de diciembre de 2015. Consultar aún el caso de la Sociedad de Gestión de Activos Procedentes de la Reestructuración Bancaria S. A. que interpone un recurso en el Juzgado de lo Contencioso-Administrativo 8 de Barcelona contra la resolución núm. 802 de 22 de enero de 2015 de la teniente de alcalde de Área de Planificación Urbanística y Territorio del Ayuntamiento de Terrassa. Véase Sociedad de Gestión de Activos Procedentes de la Reestructuración Bancaria S. A. contra Ayuntamiento de Terrassa, Recurso Ordinario 335/2015-E, sentencia 11/2017, Juzgado de lo Contencioso-Administrativo 8 de Barcelona, 26 de enero de 2017.

incumplen tal obligación. Así lo establece el Fundamento Jurídico 2 de la sentencia 179/2015. El fallo también se refiere a la desocupación injustificada, es decir, al hecho de que el propietario tuvo la oportunidad de proteger la vivienda de una situación anómala mediante subvenciones y medidas fiscales en convenio con la Generalitat de Catalunya, tal como vimos en la sentencia anterior. En la sentencia se observa que la entidad financiera intentó convencer al juzgado de que la multa era improcedente, pues ya se había firmado un convenio de colaboración con la Agencia Catalana de la Vivienda para que la vivienda fuera ocupada en un plazo de dos años. La administración catalana rechazó este punto del recurso al no haberse presentado prueba formal de cumplimiento del compromiso[30].

La Sentencia 343/2015 sobre el caso Bankia S.A. contra el Ayuntamiento de Terrassa es innovadora en cuanto al uso social de la vivienda. Después de dos años de dejar una vivienda vacía, la administración local exigió al banco una concesión formal del inmueble para que este formara parte de un listado de viviendas sociales del municipio. Según la entidad financiera, la vivienda ya se encontraba ocupada, pero el ayuntamiento insistía en considerarla desocupada. Además, el banco afirmaba que el Ayuntamiento de Terrassa debería considerar la naturaleza del contrato entre el banco y el arrendatario, quien estaba en posesión del inmueble con un contrato de alquiler social. El litigio fue apreciado por el Juzgado de lo Contencioso-Administrativo 7 de Barcelona. De hecho, la propiedad estaba ocupada y cumplía con su función social[31]. Sin embargo, el juez señaló que la unidad de vivienda había estado vacía dos años antes del período alegado por la administración local. Si bien se observa que la crisis económica en España afectó drásticamente el mercado de viviendas, el banco no estuvo exento de cumplir con su función social mediante la ocupación de la vivienda. En

---

[30] Algunos juzgados de lo contencioso-administrativo en Cataluña empiezan a aplicar los fundamentos jurídicos y mencionar decisiones anteriores para desestimar los recursos presentados por los bancos. Véase, por ejemplo, la sentencia 372/2015, Bankia S. A. contra Ayuntamiento de Terrassa, Procedimiento Ordinario núm. 469/2014-A, Juzgado de lo Contencioso-Administrativo 8 de Barcelona, 17 de diciembre de 2015.

[31] Véanse también las sentencias Banco Popular Español S. A. contra Ayuntamiento de Terrassa, Recursos del Contencioso-Administrativo Ordinarios N. 156/2015-B y 176/2015-F, Sentencias 401/2015 y 402/2015, Juzgado de lo Contencioso-Administrativo 7 de Barcelona, diciembre de 2015; Abanca Corporación, División Inmobiliaria SL, antes NCG División Grupo Inmobiliario SL, Procedimiento Ordinario núm. 427/2014-4, Sentencia 18/2016, Juzgado de lo Contencioso-Administrativo 1 de Barcelona, enero de 2016.

el análisis del caso, también se destacó la robustez financiera del banco, lo que demostraba que la institución contaba con los recursos necesarios para gestionar sus activos inmobiliarios conforme a lo que la ley impone. Para ello, el juez se basó en el art. 3.1 del Código Civil español: "[...] la temática de fusiones-integraciones de la antigua Caixa d'Estalvis Laietana en Bankia, etc., son circunstancias todas ellas relevantes que justificarían, cuanto menos parcialmente (se ha de estar a la realidad social del tiempo en que deben aplicarse las normas, art. 3.1 CC) [...]". El recurso de primera instancia propuesto por la entidad bancaria fue parcialmente admitido, cuestionando el plazo calculado por la administración local, pero el fallo reconoció la importancia de hacer efectiva la función social de la vivienda prevista en la Ley 18/2007 de la Vivienda de Cataluña[32].

En el caso Building Center S.A.U. contra el Ayuntamiento de Terrassa, el constructor sostiene que la Ley 18/2007 de la Vivienda de Cataluña no proporciona una base legal adecuada para que las competencias locales apliquen las multas coercitivas previstas en dicha ley. Además, el litigante impugna los actos administrativos, argumentando que no son proporcionales según lo establecido en el art. 113 de la Ley de Vivienda de Cataluña. Por su parte, la administración pública recuerda al litigante, basándose

---

32 Bankia S. A. contra Ayuntamiento de Terrassa, Recurso Administrativo-Contencioso Ordinario núm. 472/2014-F, Sentencia 343/2015, Juzgado de lo Contencioso-Administrativo 7 de Barcelona, septiembre de 2015. En la sentencia, el juez menciona que el litigante recibió un apoyo económico de 4.500 millones de euros del Fondo Estructural para la Banca en España, Fondo de Reestructuración Ordenada Bancaria (FROB). Aquí, la noción implícita de que el dinero de los ciudadanos contribuye al sistema financiero de propiedad. En otro litigio con las mismas partes, Juzgado de lo Contencioso-Administrativo 1 de Cataluña, Procedimiento Ordinario núm. 468/2014-4, Sentencia 189/2015, de octubre de 2015, se puso fin a la causa por entender que el objeto del conflicto era no vacante por causas injustificables según lo mencionado por la administración local de Terrassa. El banco demostró que existía un acuerdo de colaboración entre la institución y la Agencia Catalana de la Vivienda. Los propietarios también evidenciaron la falta de información evolucionando a los agentes locales y regionales: "[...] al encontrarse dicha vivienda ofrecida a la administración autonómica de vivienda desde el 21 de febrero de 2014 y, más tarde, efectivamente arrendada mediante contrato social de arrendamiento". Véase el asunto Criteria Caixaholding S. A. contra Ayuntamiento de Terrassa, Recurso Contencioso-Administrativo Abreviado N. 132/2015-A, Sentencia 282/2015, noviembre de 2015, Juzgado 15 de lo Administrativo de Barcelona. Recurso aceptado parcialmente favoreciendo al banco, pero sin negar la responsabilidad del propietario en hacer efectiva la función social de la propiedad.

en el art. 119, que la norma en cuestión la habilita competencialmente para imponer sanciones. Para resolver la controversia sobre la competencia administrativa en relación con el uso anómalo de la vivienda, el tribunal revisó el contexto legislativo sobre el control de las viviendas vacías en el debate urbanístico. Se acepta legalmente que el órgano más indicado en el Estado español para regular el uso adecuado de los inmuebles es la administración local, y dicha competencia no entra en conflicto con otros poderes públicos. En consecuencia, la sentencia recuerda al propietario su obligación de adaptar sus prácticas financieras a la responsabilidad de hacer efectiva la ocupación de su vivienda vacía. Además, se señala que el administrador tiene la competencia para imponer sanciones pecuniarias con el fin de garantizar el cumplimiento de la función social de la propiedad, concluyendo que la multa aplicada es proporcional. En este caso, el litigante intentó convencer al juzgado de que el mejor remedio para la aplicación de sanciones vinculadas a la función social de la propiedad sería la coordinación entre el poder local y la comunidad autónoma.

El caso Banco Popular Español S. A. contra el Ayuntamiento de Terrassa plantea un debate jurídico sobre algunas prerrogativas constitucionales en materia de urbanismo. En la sentencia, se establece que el banco, como propietario, no podía cuestionar la competencia de la administración local para imponer sanciones por viviendas desocupadas, ya que el art. 148.3 de la CE permite la coordinación entre comunidades autónomas y entidades locales en el ámbito de la ordenación y el planeamiento territorial. Por lo tanto, no se materializa conflicto alguno en cuanto a la potestad local para aplicar lo establecido en la Ley 18/2007 de la Vivienda de Cataluña. En síntesis, el conflicto debe resolverse considerando si la vivienda estaba vacía o no. Según diversos registros y documentos, el Ayuntamiento de Terrassa demostró que la vivienda no estaba ocupada en el momento de aplicar la multa coercitiva. El examen de las pruebas fue suficiente para concluir que el propietario había negado alquilar la vivienda y no había cumplido con la función social de la propiedad conforme al artículo 41.3 de la Ley de Vivienda de Cataluña. El recurso fue desestimado[33].

El debate constitucional también surge en la demanda de Bankia S. A. contra el Ayuntamiento de Terrassa. La entidad financiera impugna la multa impuesta por la administración local, basándose en un contrato de

---

33 Véase Banco Popular Español S. A. contra Ayuntamiento de Terrassa, Recurso Ordinario 178/2015-V, Sentencia 10/2016, Juzgado de lo Contencioso-Administrativo 3 de Barcelona, enero de 2016.

colaboración con la Agencia Catalana de la Vivienda. La sentencia pone en duda que la efectividad de la función social de la propiedad pueda lograrse con una simple formalidad, ya que el banco no presentó evidencia de que la vivienda hubiera sido ocupada. Además, la sentencia se refiere al artículo 1 de la Ley de Vivienda de Cataluña, subrayando la clara voluntad del legislador de apoyar la función social de la propiedad mediante diversas soluciones. Una de estas soluciones es la posibilidad de aportes dinerarios e institucionales públicos, como ocurrió durante la crisis económica de 2008, y que se verifica en el papel desempeñado por la Agencia Catalana de la Vivienda. La segunda solución es que, si los propietarios no muestran esfuerzos por cumplir con sus obligaciones, se puede aplicar una multa coercitiva como remedio proporcionado[34]. La tercera y más severa acción sería la expropiación por uso a través de rentas exigibles. Se entiende que los recursos legales reconectan el uso de la propiedad con fines residenciales y, de este modo, evitan la especulación en el mercado inmobiliario[35].

---

34 Fundamento Jurídico 2: "La Ley 18/2007, de 28 de diciembre, del derecho a la vivienda, tiene por objeto regular el derecho a una vivienda digna y adecuada según lo establecido en la Constitución (artículo 1 de la Ley). Para ello, entre otras medidas, declara que la desocupación permanente de una vivienda constituye una "situación anómala" (art 41) que habilita a las Administraciones competentes en la materia para instruir un expediente y conocer los hechos por los que se produce esa falta de ocupación y, si se confirman, adoptar medidas de distinto calado con el objetivo de incentivar su ocupación y penalizar su desocupación injustificada medidas, entre las cuales se prevén de fomento (subvenciones) y medidas fiscales (art. 41 y 42). E, incluso, si llega el caso de incumplimiento de la función social de la propiedad, estas medidas pueden desembocar en el alquiler forzoso de la vivienda o en la expropiación del usufructo (art. 5 y 42.6)". Véase Bankia S. A. contra Ayuntamiento de Terrassa, Procedimiento Ordinario núm. 471/2014, Sentencia 4/2016, Juzgado de lo Contencioso-Administrativo 9 de Barcelona, enero de 2016. El caso Banco Santander contra Ayuntamiento de Terrassa plantea el mismo conflicto con una sentencia que se detiene otra vez en las prerrogativas constitucionales en materia urbanística y competencia de la administración local para imponer multas. El contenido de la decisión puede consultarse en el Procedimiento Ordinario núm. 568/2014, Sentencia 10/2016, Juzgado de lo Contencioso-Administrativo 9 de Barcelona, enero de 2016. Véase Banco Popular Español S. A. contra Ayuntamiento de Terrassa, Procedimiento Ordinario núm. 153/2015-BR, Sentencia 206/2016, Juzgado de lo Contencioso-Administrativo 14 de Barcelona, septiembre de 2016, en la que el banco presenta una extensa argumentación sobre las diferencias entre particulares y empresas como propietarios privados. Se desestima tal recurso observando la responsabilidad del propietario al comprometerse con la función social de la propiedad independientemente de su naturaleza jurídica.

35 Véase aún Banco Popular Español S. A. contra Ayuntamiento de Terrassa, Procedimiento Ordinario núm. 153/2015-BR, Sentencia 206/2016, Juzgado de lo Contencioso-Administrativo 14 de Barcelona, septiembre de 2016.

Las cuestiones procesales también están presentes en los litigios entre el Ayuntamiento de Terrassa y las entidades financieras. La Sentencia 32/2016 del Juzgado de lo Contencioso-Administrativo 11 de Barcelona hace referencia a la omisión de la entidad bancaria al no presentar los contratos firmados por Bankia S. A. con arrendatarios para demostrar que el uso de la vivienda cumplía con su finalidad social. Incluso, el banco informó al ayuntamiento que, además de la Agencia Catalana de la Vivienda, había otra parte en el convenio de cooperación para alquileres sociales, Haya Real Estate S.L.U., que era la encargada de gestionar la vivienda vacía en cuestión[36]. También se reveló que la administración no había tenido claro que la unidad vacante estuviera bajo el cuidado de una parte legitimada, a la cual podría haberse dirigido para aclarar la duda sobre si la vivienda estaba efectivamente ocupada[37].

El caso Buildingcenter S. A. contra el Ayuntamiento de Terrassa es un litigio en el que el propietario privado, actuando como litigante, busca evidenciar que la administración local incumplió los plazos establecidos para la instrucción y conclusión del procedimiento administrativo previo a la aplicación de multas coercitivas. El recurrente sostiene que, en conformidad con la Ley 30/1992 de Régimen Jurídico de las Administraciones Públicas y del Procedimiento Administrativo Común, los actos administrativos de las administraciones locales deben respetar los términos procedimentales al imponer dichas sanciones. No obstante, en uno de sus fundamentos jurídicos se argumenta que las sanciones pecuniarias contempladas en la Ley 18/2007 de la Vivienda de Cataluña tienen una naturaleza distinta y: "Así, este precepto lleva por título 'Multas coercitivas no sancionadoras', prevé la imposición de este tipo de multas 'con independencia de la acción sancionadora' y solo exige como requisito para imponerlas que 'transcurran los plazos señalados para llevar a cabo una acción u omisión previamente requerida'. Además, la Ley 18/2007 no ubica este precepto dentro del régimen sancionador, sino de manera independiente"[38].

---

36 Véase Bankia S. A. contra Ayuntamiento de Terrassa, Procedimiento Ordinario núm. 472/2014-A, Sentencia 32/2016, Sentencia 30/2016, Juzgado de lo Contencioso-Administrativo 2 de Barcelona, febrero de 2016.

37 Véase Banco Popular Español S. A. contra Ayuntamiento de Terrassa, Recurso Contencioso Administrativo Ordinario núm. 155/2015-A, Sentencia 59/2016, Juzgado de lo Contencioso-Administrativo 15 de Barcelona, marzo de 2016.

38 Véase Buildingcenter S. A. contra Ayuntamiento de Terrassa, Procedimiento Ordinario núm. 146/2015-AA, Sentencia núm. 267/2016, Juzgado de lo Contencioso-Administrativo 14 de Barcelona, noviembre de 2016. Este debate jurídico sobre

Otro argumento presentado por el demandante fue que la multa no debía aplicarse dado que la vivienda en cuestión ya no era adecuada para ser ocupada. Sin embargo, este razonamiento no se considera válido, ya que el propietario tiene la responsabilidad de mantener el inmueble en condiciones de habitabilidad, y todas las imperfecciones observadas constituían, además, una clara evidencia del uso anómalo de la vivienda. Finalmente, el propietario intentó argumentar que la sanción impuesta no era proporcional, pues la venta o el alquiler del inmueble no podrían generar una cantidad equivalente a la exigida por la administración pública. Este argumento también fue rechazado, ya que la multa representaba, en realidad, menos de un año de alquiler, y se alegó que la unidad habitacional había estado desocupada durante más de dos años[39].

Como resultado de las actuaciones administrativas locales en la imposición de sanciones pecuniarias para incentivar a los propietarios a cumplir con la función social de la propiedad, algunos litigios han llegado al Tribunal Superior de Justicia de Cataluña (TSJC). Con el objetivo de revocar una resolución de primera instancia favorable a Bankia S. A., el Ayuntamiento de Terrassa apeló ante el tribunal superior, solicitando la nulidad de una medida cautelar en la que la entidad financiera figuraba como demandante. El banco había conseguido suspender las multas coercitivas impuestas por la administración local, argumentando que estas limitaban el uso de la propiedad. En este caso, el ayuntamiento no justificó las acciones concre-

---

proporcionalidad de multas coercitivas puede ser visto también en el caso *Criteria Caixaholding S. A.* contra Ayuntamiento de Terrassa, Procedimiento Ordinario núm. 137/2015-E, Sentencia 317/2016, Juzgado de lo Contencioso-Administrativo 8 de Barcelona, diciembre de 2016.

39 Sobre las sentencias de los juzgados de lo contencioso-administrativo, encontramos en la doctrina jurídica lo siguiente: "Las sentencias favorables en Terrassa validan la potestad y competencia del Ayuntamiento para incoar expedientes de acuerdo con el artículo 41 LDHCat; afirman que la desocupación incumple la función social del derecho de propiedad; validan el procedimiento administrativo aplicado por el Ayuntamiento, que daba garantías suficientes, sin ninguna necesidad de esperar a un futuro Reglamento de desarrollo de la LDHCat; validan la potestad para imponer multas coercitivas y su proporcionalidad; afirman que no son causas justificativas de mantenimiento de una vivienda vacía por más de dos años supuestos como por ejemplo la suscripción de convenios entre una entidad bancaria y la Agencia de la Vivienda de Cataluña, la imposibilidad de ocupación por la crisis inmobiliaria, el hecho que las viviendas se encuentren en comercialización o la imposibilidad de la ocupación por la inestabilidad de las fusiones y absorciones de entidades". Véase Ponce Solé, J. (2016, p. 132).

tas que debían tomarse para evitar el uso indebido de la vivienda, por lo que se desestimó el recurso interpuesto por el Ayuntamiento de Terrassa.

Además, la sentencia señala que la suspensión de la sanción no resultó en la ocupación efectiva de la vivienda desocupada. El artículo 42 no respalda la argumentación de la administración local: "este Tribunal advierte que la actuación para evitar la desocupación permanente de la vivienda ordenada por la resolución recurrida, en principio, a su fecha y a la fecha de incoación del respectivo expediente, el 4 de marzo de 2014, no parece tener encaje entre las previstas por el artículo 42 de la Ley 18/2007, de 28 de diciembre, del derecho a la vivienda[...]"[40]. Sin embargo, el hecho de que el tribunal no consienta la opción coercitiva adoptada por la administración local no implica que los poderes públicos no puedan alcanzar un acuerdo con las entidades financieras para hacer más efectivo el derecho a la vivienda. Este planteamiento se desprende de otra sentencia en la que el ayuntamiento también figura como parte: "'acordar el alquiler forzoso de la vivienda', lo que el Ayuntamiento apelante no cuestiona [...]"[41].

El TSJC examina un conflicto similar en el cual Banco Santander S.A. solicita medidas cautelares para impedir que el Ayuntamiento de Terrassa lo obligue a alquilar una vivienda desocupada. Empleando una estrategia distinta, el ayuntamiento demuestra que, con el objetivo de cooperar, la administración envió diversos comunicados a la parte afectada, advirtiendo al propietario sobre el uso anómalo de la propiedad. La sentencia reconoce estos repetidos intentos de comunicación por parte del poder sancionador como evidencia de diligencia debida para asegurar el cumplimiento de la función social de la propiedad y su uso responsable. Además, se subraya que el banco nunca demostró estar comprometido con su obligación legal de promover la ocupación de la vivienda en cuestión. En otras palabras, el tribunal aplicó el mismo razonamiento que en el caso anterior al rechazar el recurso del Ayuntamiento de Terrassa contra Bankia S.A., y ahora lo utiliza para validar la actuación administrativa.

---

[40] Veáse Bankia S. A. contra Ayuntamiento de Terrassa, Sentencia núm. 932/2015, Rollo de Apelación Auto núm. 258/2015, TSJC, Sección Tercera, diciembre 2015; Bankia S. A. contra Ayuntamiento de Terrassa, Auto núm. 470/2014, Juzgado de lo Contencioso-Administrativo 6 de Barcelona, marzo de 2015.

[41] Véase Bankia S. A. contra Ayuntamiento de Terrassa, Sentencia núm. 105/2016, Rollo de Apelación Auto núm. 159/2015, TSJC, Sección Tercera, febrero de 2016; Bankia S. A. contra Ayuntamiento de Terrassa, Auto núm. 473/2014, Juzgado de lo Contencioso-Administrativo 14 de Barcelona, enero de 2015.

> Todo ello conforma una mínima y suficiente entidad procedimental con notificaciones sucesivas que no muestra claramente que se haya incurrido en vía de hecho —por todos baste la cita del artículo 51.3 de nuestra Ley Jurisdiccional y en su relación la doctrina aplicable— y que permite dudar seriamente que pueda concurrir esa predicada vía de hecho, desde luego a los efectos cautelares que nos corresponde enjuiciar ahora y sin perjuicio de lo que haya lugar a resolver, en su momento, en el proceso principal. Y todo ello con el añadido que igualmente consta la prosecución de procedimientos de ejecución forzosa administrativa de actos administrativos para multas coercitivas que se revelan igualmente con una suficiente entidad procedimental fundada en resoluciones y requerimientos anteriores[42].

3.2. Transcendencia privatista en el ámbito de la UE

El *caso* Mohamed Aziz contra Caixa d'Estalvis de Catalunya, Tarragona i Manresa Catalunyacaixa, STJ Asunto C-415/11 de 14 de marzo (*Tol 9916543*), es un ejemplo paradigmático en relación con las cláusulas abusivas en contratos hipotecarios. Tras ser analizado por el Juzgado de lo Mercantil 3 de Cataluña, el asunto fue remitido al Tribunal de Justicia de la Unión Europea (TJUE) para determinar si se habían vulnerado los derechos del Sr. Mohamed Aziz conforme a la Directiva 93/13/CEE del Consejo, de 5 de abril de 1993, sobre cláusulas abusivas en los contratos celebrados con consumidores. La primera cuestión planteada al TJUE se centró en la posible ambigüedad en el Derecho español respecto a la definición de una cláusula abusiva en un contrato de consumo. El TJUE interpretó el art. 3 de la directiva, afirmando que toda cláusula contractual debe negociarse individualmente junto con sus condiciones de pago de deuda, estableciendo que: "[...] para determinar si se causa el desequilibrio 'pese a las exigencias de la buena fe', debe comprobarse si el profesional, tratando de manera leal y equitativa con el consumidor, podía estimar razonablemente que éste aceptaría la cláusula en cuestión en el marco de una negociación

---

42 Véase Banco Santander S. A. contra Ayuntamiento de Terrassa, Rollo de Apelación Auto núm. 237/2015, Sentencia núm. 115/2006, TSJC, Sección Tercera, febrero 2016; y el Recurso Contencioso-Administrativo núm. 566/2014, Juzgado de lo Contencioso-Administrativo 8 de Barcelona, febrero 2015. Existen otros casos, sentencias y referencias internacionales relacionadas con el derecho a la vivienda y al sistema de propiedad en el contexto de la Unión Europea y el Consejo de Europa. Léase Ponce Solé, J. (2008). "El derecho a la vivienda. Nuevos desarrollos normativos y doctrinales y su reflejo en la Ley Catalana 18/2007, de 28 de diciembre, del derecho a la vivienda". *El derecho a la vivienda en el siglo XXI: sus relaciones con la ordenación del territorio y el urbanismo* (pp. 65-175). Marcial Pons.

individual"[43]. Hasta ese momento, en España, las hipotecas y préstamos se firmaban sin un análisis individualizado, asumiendo equivocadamente que todos los consumidores podían tratarse como un cliente único mediante contratos de adhesión: "[...] el sistema de protección que establece la Directiva se basa en la idea de que el consumidor se halla en situación de inferioridad respecto al profesional, en lo referido tanto a la capacidad de negociación como al nivel de información" y que "Habida cuenta de esta situación de inferioridad, el art. 6, apartado 1, de la Directiva dispone que las cláusulas abusivas no vincularán al consumidor"[44].

Otro aspecto aclarado por el TJUE fue el relativo a las cláusulas abusivas. El tribunal resolvió esta cuestión afirmando que el juez debe evaluar de oficio si un contrato presenta un equilibrio adecuado entre las partes y, en caso contrario, corregir el desequilibrio: "deberá apreciar de oficio el carácter abusivo de una cláusula contractual incluida en el ámbito de aplicación de la Directiva y, de este modo, subsanar el desequilibrio que existe entre el consumidor y el profesional". Además, el tribunal subrayó que los ejemplos previstos en el art. 3.3 de la Directiva 93/13/CEE no son exhaustivos, sino meramente indicativos. Para el TJUE, en el caso Aziz se comprobó que las cláusulas abusivas generaron tanto consecuencias irreversibles, como la adjudicación del piso a un tercero tras el proceso de ejecución hipotecaria, y una situación de indefensión.

> Por último, en lo que atañe a la cláusula relativa a la liquidación unilateral por el prestamista del importe de la deuda impagada, vinculada a la posibilidad de iniciar el procedimiento de ejecución hipotecaria, procede señalar que, teniendo en cuenta el número 1, letra q), del anexo de la Directiva y los criterios establecidos en los artículos 3, apartado 1, y 4, apartado 1, de ésta, el juez remitente deberá determinar si —y, en su caso, en qué medida— la cláusula de que se trata supone una excepción a las normas aplicables a falta de acuerdo entre las partes, de manera que, a la vista de los medios procesales

---

43 Apartado 76 de la STJUE de 14 de marzo (*Tol 9890837*), Asunto C-598/21, Mohamed Aziz contra Caixa d'Estalvis de Catalunya, Tarragona i Manresa (Catalunyacaixa). Petición de decisión prejudicial planteada por el Juzgado de lo Mercantil 3 de Barcelona Directiva 93/13/CEE-Contratos celebrados con consumidores, contrato de préstamo hipotecario y procedimiento de ejecución hipotecaria. Asunto C-415/11. En mayo de 2013, tras contar con la declaración sobre cláusulas abusivas del TJUE, el juez José María Fernández Seijo conformó su decisión al art. 695 y siguientes del CC español argumentando que la defensa del Sr, Mohamed Aziz era claramente limitada en el contexto normativo vigente en el país en aquel momento. Véase también sentencia del TJUE Asunto C-137/08 de 9 de noviembre de 2010, VB Pénzügyi Lízing contra Schneider Ferenc, Rec. p. I-10847, apartado 56.

44 *Idem*, apartados 44 y 45 de la sentencia.

> de que dispone, dificulta el acceso del consumidor a la justicia y el ejercicio de su derecho de defensa[45].

Aunque el caso Aziz constituye un ejemplo significativo en cuanto a la intervención del TJUE en una ejecución hipotecaria, cabe señalar que el propio tribunal considera la cuestión de fondo como residual. Esto se debe a que: "existe un riesgo no desdeñable de que el consumidor afectado no realice esa anotación preventiva en los plazos fijados para ello, ya sea debido al carácter sumamente rápido del procedimiento de ejecución en cuestión, ya sea porque ignora o no percibe la amplitud de sus derechos". Por lo tanto, para el TJUE, la indefensión del demandado por el banco Caixa d'Estalvis de Catalunya desencadena una violación múltiple de derechos. Basado en el art. 3 de la Directiva 93/13/CEE, estos "derechos y obligaciones de las partes [...] se derivan del contrato". Esto nos remite al enfoque privatista destacado en el Recurso de Amparo 461/1984, Auto 588/1984 de 10 de octubre de 1984, Sala Sección Primera, con los magistrados Don Manuel García-Pelayo y Alonso, Don Ángel Latorre Segura y Doña Gloria Begué Cantón. No obstante, podría entenderse que la revisión de cláusulas abusivas en el caso Aziz se relaciona directamente con el objeto del contrato, es decir, una hipoteca destinada a financiar un bien, la legitimidad activa del litigio en el Juzgado de lo Mercantil 3 de Cataluña, y el derecho de propiedad en manos de un gran tenedor[46].

3.3. Transcendencia privatista en el ámbito del Pacto Internacional de Derechos Económicos, Sociales y Culturales (PIDESC)

La falta de pago de las cuotas de un préstamo hipotecario a una entidad bancaria generó un debate jurídico en el Comité de Derechos Económicos, Sociales y Culturales de las Naciones Unidas (CESCR) sobre si el Estado español había vulnerado el derecho a la vivienda en un caso conocido como I.D.G. contra España[47]. La demandante, cliente de un banco privado, pagaba la hipoteca de su vivienda hasta que, al dejar de abonar varias mensualidades, recibió una notificación de ejecución hipotecaria de la cual, según ella, no tuvo conocimiento. La entidad acreedora, pese a la

---

45 *Idem*, apartado 46 de la sentencia. Para leer más sobre la jurisprudencia del TJUE, véase Micklitz, H. (2013). Sobre el caso Aziz, léase Sánchez, S. I. (2014).

46 Apartado 4 de la sentencia que citamos anteriormente.

47 Dictamen del Comité (E/C.12/55/D/2/2014).

negativa sobre la recepción de la notificación, procedió con la ejecución de la deuda a través del Juzgado de Primera Instancia núm. 31 de Madrid. Tras la solicitud formal del banco para iniciar el proceso de ejecución, el poder judicial no informó a la demandante sobre la intención del banco de subastar la vivienda y desalojarla en las primeras etapas del litigio. La Sra. I.D.G. finalmente llegó a conocer la situación y cuestionó la decisión judicial ante el mismo juzgado, argumentando que vulneraba su derecho a la defensa y a la tutela judicial efectiva. Según su planteamiento, el tribunal ordinario debería haber anulado la solicitud del banco, pues sus actuaciones violaban los derechos previstos en la Ley de Enjuiciamiento Civil (LEC), de acuerdo con los arts. 156 y 164, y conforme a la jurisprudencia del Tribunal Constitucional Europeo (TCE). No obstante, el tribunal en Madrid declaró que "[...] carecía de competencia para declarar la nulidad de la diligencia de ordenación de 11 de febrero de 2013, de conformidad con los artículos 5 y 562(2) de la LEC y 455 de la Ley Orgánica del Poder Judicial".

En mayo de 2013, la Sra. I.D.G. interpuso un recurso de amparo ante el Tribunal Constitucional, alegando que se habían vulnerado sus derechos a la tutela efectiva consagrados en los arts. 24 y 25 de la Constitución de España. La actora indicó que el Juzgado de Madrid no había agotado "todos los medios disponibles para notificar personalmente, de acuerdo con los artículos 155, 156 y 683 de la Ley de Enjuiciamiento Civil". En octubre de 2013, el Tribunal Constitucional español desestimó el recurso de apelación de la actora y confirmó la decisión del juzgado de Madrid, al sostener "la manifiesta inexistencia de violación de un derecho fundamental tutelable en amparo". Como decisión final, el TCE señaló que su fallo se encontraba "de conformidad con los artículos 44.1 y 50.1.a) de la Ley Orgánica del Tribunal Constitucional"[48].

Con base en el Protocolo Facultativo del PIDESC, la Sra. I.D.G., como nacional española y dado que España es un Estado parte del documento, presentó una denuncia ante el CESCR por la falta de acceso efectivo a los tribunales que le permitiera proteger su derecho a una vivienda adecuada.

---

[48] La parte autora "Agrega que el Tribunal Constitucional concluyó que el procedimiento de ejecución hipotecaria y más precisamente los artículos 695 y 698 de la LEC no afectan el derecho a la tutela judicial efectiva, en relación con la igualdad de partes en el proceso, y con el derecho a una vivienda digna y adecuada, toda vez que la resolución que recae en este procedimiento no produce efectos de cosa juzgada y siempre está abierta la vía del procedimiento ordinario". Véase el Dictamen del Comité (E/C.12/55/D/2/2014, p. 6).

Así, la demandante pregunta si el Estado español, al haber ratificado el Protocolo Facultativo, ha incumplido o no el art. 11 y el § 1 del art. 2 del PIDESC, relativos al derecho a una vivienda adecuada y a los medios apropiados para la protección individual.

Entre los comentarios de España en contra de los argumentos presentados por la autora, encontramos el siguiente razonamiento:

> Con el fin de asegurar la efectividad del derecho establecido en el artículo 11, § 1 del Pacto, el Estado parte promulgó la Ley 1/2013, de 14 de mayo, de medidas para reforzar la protección a los deudores hipotecarios, reestructuración de deuda y alquiler social; así como el Real Decreto Ley 27/2012, de 15 de noviembre, de medidas urgentes para reforzar la protección de los deudores hipotecarios. Por otra parte, el Estado parte considera que el procedimiento de ejecución hipotecaria regulado por la LEC respeta escrupulosamente las exigencias derivadas del derecho a la tutela judicial efectiva. En particular, destaca que corresponde al deudor fijar un domicilio a efectos de notificaciones; que este domicilio puede ser modificado en cualquier momento por el deudor; que prevé varios intentos de notificación personal y sólo en el caso excepcional en el que ésta no sea posible, se permite la notificación por edictos; que permite acudir en cualquier momento a un procedimiento plenario para que los deudores puedan invocar cualquier cuestión en relación con la defensa de sus derecho e intereses; que permite suspender el procedimiento y solicitar la nulidad de cláusulas abusivas del contrato de préstamos con garantía hipotecaria; y que en cualquier momento del proceso el interesado puede plantear un incidente de nulidad de actuaciones si considera que se ha vulnerado el derecho a la tutela judicial efectiva en el curso de la ejecución[49].

Finalmente, el CESCR, en virtud del art. 9, § 1 del Protocolo Facultativo del Pacto, declara "que al incumplir su obligación de proporcionar a la autora un recurso efectivo, el Estado parte violó sus derechos en virtud de los arts. 11, § 1, leído conjuntamente con el art. 2, § 1, del Pacto". En cuanto a la reparación:

El Estado parte tiene la obligación de proporcionar a la autora una reparación efectiva, en particular: a) asegurar que la subasta de la vivienda de la autora no se ejecute sin que ella cuente con la debida protección procesal y un proceso con las debidas garantías, conforme a las disposiciones del Pacto y tomando en cuenta las Observaciones generales del Comité No. 4 y 7; y b) reembolsar a la autora los costes legales incurridos en la tramitación de esta comunicación[50].

---

49 Véase el Dictamen del Comité (E/C.12/55/D/2/2014, p. 7).

50 *Ibidem*

Igualmente, según el comité, el Estado español debe garantizar que la subasta de la vivienda de la autora no se ejecute sin las debidas garantías procesales, reembolsando los costos legales incurridos. Asimismo, debe prevenir violaciones similares en el futuro y asegurar que su legislación cumpla con las obligaciones del PIDESC, garantizando así el acceso a la justicia para quienes enfrentan ejecuciones hipotecarias. También debe limitar la notificación por edicto a los casos en los que no sea posible realizar una notificación personal, asegurar su adecuada publicidad y establecer requisitos y procedimientos adecuados para las ejecuciones hipotecarias y desalojos, en conformidad con el Pacto. El CESCR recuerda que los Estados Parte del PIDESC deben hacer efectivas las Observaciones Generales Número 4 y 7, que el CESCR considera imperativo para evitar los desalojos.

Capítulo III
El sistema constitucional brasileño ante el derecho de propiedad

1. EL TRIBUNAL CONSTITUCIONAL DE BRASIL Y SUS SINGULARIDADES

Análogamente a las decisiones del TCE, en este capítulo comentaremos y analizaremos algunas sentencias proferidas por el Tribunal Constitucional de Brasil (TCB) sobre el uso del derecho de propiedad y su control externo[51]. Clasificamos los conflictos que llegaron al tribunal en dos categorías: aquellos relacionados con un supuesto abuso de la potestad administrativa en materia de expropiación forzosa y aquellos recursos contra las sanciones ordinarias referentes al impuesto progresivo sobre bienes inmuebles. En esta segunda categoría, el lector encontrará además una

---

51 El Supremo Tribunal Federal (STF) de Brasil corresponde al TCE. Tiene once magistrados y las decisiones son individuales o, en portugués, *monocráticas*, conforme al art. 13 y 21 del Reglamento Interno del Tribunal Constitucional de Brasil (RITCB); o en un colegio-*turmas*, de 5 magistrados, art. 3 do RITCB. Según la relevancia del caso, el pleno es compuesto por todos los magistrados. Entre sus principales atribuciones, le corresponde determinar las acciones directas de inconstitucionalidad de una ley o acto federal o estatal; acción declaratoria de constitucionalidad ya sea para una ley federal o un acto normativo. También valora cualquier alegato sobre el incumplimiento de un precepto fundamental derivado de la propia Carta Magna y solicitudes de extradición por parte de un Estado extranjero. Tras la Enmienda Constitucional 45/2004, se introdujo la posibilidad de aprobar, tras reiteradas decisiones sobre diversas cuestiones constitucionales, un sumario con efectos vinculantes para los demás órganos del Poder Judicial y para el ejercicio directo e indirecto de la administración pública. La lógica de las "súmulas vinculantes" es aplicable en los niveles federal, estatal y municipal conforme el art. 103-A de la Constitución Federal de Brasil de 1988 (CB). En materia de derecho penal, la Corte es competente para realizar cualquier investigación, juicio y sentencia cuando el imputado sea el Presidente de la República, el Vicepresidente, los miembros del Congreso Nacional, sus propios Ministros y el Fiscal General. de la República, entre otros el art. 102, I, "a" y "b" de la CB. En mayo de 2017, el Senado brasileño aprobó una enmienda constitucional para excluir a los miembros del Congreso Nacional de ese mecanismo de protección individual. La idea es garantizar las mismas condiciones para la defensa de los políticos que para los ciudadanos comunes.

sentencia sobre usucapión. Todos los casos consultados en los archivos de la institución brasileña remiten a la función social de la propiedad y a su principio de aplicación. La serie temporal para la selección de las decisiones del TCE sigue el mismo criterio de antes, es decir, los años posteriores a la redemocratización del país o a la promulgación de la Constitución Federal de Brasil de 1988 (CB)[52].

Según el TCB, en materia de expropiación forzosa, es constitucional fijar un plazo mínimo para el inicio de un procedimiento de inspección en el que se evaluará el cumplimiento de la función social de un inmueble objeto de expropiación posesoria o invasión motivada por un conflicto colectivo agrario o de tierras. Esta disposición basa su legalidad en el art. 4 del Decreto Federal 2.250/1997. No obstante, la ocupación susceptible de ser objeto de aplicación del § 6 del art. 2 de la Ley Federal 8.629/1993 debe ser anterior o contemporánea a los procedimientos de expropiación y afectar una parte significativa del inmueble. Además, el proceso de reforma agraria no debe llevarse a cabo de manera arbitraria ni contraria a las normas legales, ya sea por autoridades públicas o por particulares u organizaciones sociales[53].

---

52 El art. 184 de CB atribuye a la Unión la competencia para expropiar tierras improductivas según el interés social. Para los fines de la reforma agraria, los bienes rurales que no estén cumpliendo con su función social, mediante compensación previa y justa en títulos de deuda agraria, con cláusula de preservación del valor real, rescatables en el plazo de hasta veinte años, a partir del segundo año de su emisión, y cuyo uso será definido por la ley, son pasibles de expropiación forzosa por decreto presidencial. En materia de expropiación forzosa, el control de la constitucionalidad de los actos presidenciales es concentrado y el TCB el tribunal competente.

53 De acuerdo con lo previsto en el art. 2, § 6, de la Ley Federal 8.629/1993, el control interno del derecho de propiedad se hace tanto por no propietarios cuanto por los propietarios. Así que ocupar bienes inmuebles rurales como instrumento de intimidación o presión ante propietarios y autoridades competentes inhabilita la aplicación del principio de la función social de la propiedad: "Los bienes rurales de dominio público o privado sujetos a embargo posesorio o invasión motivada por conflicto colectivo agrario o de tierras no serán inspeccionados, evaluados ni expropiados dentro de los dos años siguientes a su desalojo, o el doble de ese plazo, en caso de reincidencia; y deberá determinarse la responsabilidad civil y administrativa de quien cometa cualquier acto omisivo o comisivo que conduzca al incumplimiento de estas prohibiciones". Por otro lado, aún sobre el control interno, el propietario que simula una posesión ilegal para obstaculizar la aplicación del principio de función social y, por ende, de la ley de reforma agraria, motiva sanción administrativa, cancelación del registro de propiedad y responsabilidad

En cuanto a la posesión objeto de invasión, si esta recae en lo que especifica el art. 161, apartado II, del Código Penal brasileño, relativo al traspaso de vallas, cercados o cualquier otra marca de división, se prohíbe la transferencia de recursos públicos futuros para la financiación productiva agrícola a entidades del tercer sector, sean estas organizaciones no gubernamentales o movimientos sociales. Por considerar la conducta de invasión inconstitucional, el TCB se basa en la responsabilidad de los agentes autores de posesión ilegal en los principios de legalidad y moralidad, cuya finalidad es vetar actividades ilícitas contrarias al orden constitucional. De esta manera, se hace viable el ejercicio de la facultad de autoprotección para controlar la validez del acto de asignación de recursos públicos, sin que ello constituya una inconstitucionalidad por violación de un acto jurídico perfecto[54].

Con el análisis de las sentencias del TCE, nuestra intención es identificar con mayor detalle la ratio decidendi formada por el TCB sobre los controles externo e interno. Al examinar los procedimientos jurídicos y las partes demandantes, reafirmamos nuestra preferencia por los razonamientos jurídicos que, de alguna manera, se conecten con la realidad social, histórica y económica del país, ya que el restablecimiento de un tribunal democrático tiene en su origen un pacto social que, inevitablemente, también es político. De forma resumida y sistemática, el cuadro general de las sentencias que comentaremos y analizaremos en este capítulo revela que las decisiones del TCB no son muy similares a las del TCE, en el sentido de que abundan las formalidades y son escasas las innovaciones en relación con el derecho de propiedad. Sin embargo, cuando hablamos de singularidades, en las sentencias brasileñas, la expropiación forzosa y el control de los actos administrativos, con el objetivo de hacer efectivo el principio de la función social del derecho de propiedad, llegan en su mayoría al TCB

---

penal y civil conforme el art. 2-A: "En caso de fraude o simulación de malversación o invasión, por parte del propietario o poseedor legítimo del bien, a los efectos de los § 6 y § 7 del art. 2, el órgano ejecutor del Programa Nacional de Reforma Agraria aplicará una sanción administrativa de R$ 55.000,00 (cincuenta y cinco mil reales) a R$ 535.000,00 (quinientos treinta y cinco mil reales) y la cancelación del registro de propiedad en el Sistema Nacional de Registro Rural, sin perjuicio de otras sanciones penales y civiles aplicables".

54 Una Acción Directa de Inconstitucionalidad (ADI), semejante al recurso de inconstitucionalidad en el Derecho español, confirma la posición del TCB en la ADI 2.213, relatoría del Ministro Nunes Marques, sentencia del 19 de diciembre de 2023.

a través del mandado de segurança[55]. Este se define como un instrumento jurídico que debe ser evocado siempre que cualquier derecho positivo se vea amenazado por el abuso de competencias del poder público o por actos administrativos defectuosos.

2. LOS CONTROLES EXTERNO E INTERNO SOBRE EL DERECHO DE PROPIEDAD EN BRASIL

2.1. La ratio decidendi del TCB

La combinación de las expresiones latinas periculum in mora y fumus boni iuris es la que mejor sintetiza las razones por las que los propietarios se mueven cuando se trata de fallos sobre el derecho de propiedad y sus controles externo e interno. Al igual que el TCE en cuanto a la admisión de los recursos de amparo, los requisitos para la aceptación del mandado de segurança deben separar las peticiones que no permiten recurso de aquellas que sí lo permiten con efecto suspensivo; el orden o decisión inapelable de las que caben apelación o son susceptibles de corrección; y los actos disciplinarios o administrativos realizados por autoridades competentes de aquellos realizados por autoridades no competentes[56].

Los mandados de segurança normalmente están fundamentados en el riesgo de irreversibilidad del perjuicio y en que, para evitar situaciones de periculum in mora, no hay más remedio que buscar el buen derecho del TCB. Es importante recordar que, al igual que en España, la expropiación forzosa tiene una gran repercusión nacional, pero destacamos tres razones

---

[55] El control de los supuestos abusos tanto de actos administrativos cuanto de otros poderes puede ser realizado también por el Supremo Tribunal de Justicia (STJ) en Brasil. En este caso, el *mandado de segurança* deberá evaluar solamente los actos practicados por gobernadores, magistrados "desembargadores" de tribunales de segunda instancia en jurisdicción estadual y consejeros de los tribunales de cuentas. Además, es responsabilidad del STJ uniformizar la interpretación de las leyes federales cuando los actos practicados sean de autoría de estos mismos actores.

[56] Véanse los arts. 200 y 201 del Reglamento Interno del TCB de 1980. Destacamos el art. 201 en el cual se afirma que "No se dictará mandado de segurança cuando se trate de: i. acto que permite el recurso administrativo con efecto suspensivo, independientemente de la garantía; ii. orden o decisión judicial, que puede ser apelada o que es susceptible corrección; iii. acto disciplinario, salvo que sea realizado por autoridad incompetente o con incumplimiento de las formalidades esenciales".

específicas de nuestro interés. Primeramente, porque estos mandados generan un altísimo nivel de tensión y atención mediática debido a la disputa entre terratenientes y pequeños agricultores. No es raro que se entrelacen diferentes formas de violencia entre milicias y ocupantes campesinos[57]. En segundo lugar, debido a la gran extensión de tierras y a la obligación legal de productividad de la tierra, en conformidad con la función social de la propiedad, existen constantes solicitudes de inspección en propiedades rurales con las cuales los propietarios no están de acuerdo. En tercer lugar, debido a las dudas constantes en el cálculo del justiprecio de un bien expropiado, y porque su pago rara vez es inmediato[58].

La segunda rama de los casos que hemos seleccionado trata sobre la aplicación del impuesto progresivo sobre bienes inmuebles, basado en la función social de la propiedad. Según la Ley 10.257, de 10 de julio de 2001, el Estatuto de la Ciudad (EdeC), que regula los arts. 182 y 183 de la CB, establece las directrices generales para la política urbana y prevé otras medidas, el cálculo y el cobro son competencia municipal. No obstante, como veremos, la norma reguladora es reciente y, hasta 2001, los propietarios siempre interponían recursos contra el impuesto progresivo debido a la falta de un conjunto común de criterios técnicos y de discriminación positiva para todas las municipalidades del país, lo cual resulta favorable a los propietarios en los juicios del TCB. En la subsección siguiente, examinaremos algunos mandados de segurança, evidenciando la relación entre el impuesto progresivo y la función social de la propiedad.

Por último, en el centro de los conflictos urbanos relacionados con el uso del derecho de propiedad en las grandes ciudades y el derecho a la vivienda, se encuentra la usucapión. En este contexto, son más comunes las

---

57 Recordamos las experiencias de violencia en suelo africano que, de alguna manera, hay analogías con la realidad brasileña, colonialismo y dominación europea, principalmente después de la era poscolonial con la alteración de la cultura, el poder y la sociedad étnicamente local en contacto con los terratenientes que poseen una propiedad que, si estrictamente analizadas, son de dominio público. Los tribunales comunitarios de Gacaca, por ejemplo, absorben y revelan parte del conflicto territorial entre terratenientes y etnias oprimidas también por razones de posesión territorial. En estos casos, el genocidio tiene una dimensión territorial e íntima con el derecho de propiedad de acuerdo con Clark, P. (2010). En Brasil, la violencia en el campo ha llegado a la Corte Interamericana de Derechos Humanos (CIDHs). Véanse CIDHs. (1999) y Mesquita, H. A. (2003).

58 Las expropiaciones forzosas en Brasil se pagan con títulos de la deuda pública y tienen un periodo de compensación de hasta dos décadas.

posesiones que terceros hacen de un inmueble de forma pacífica y continuada, sin la contestación del propietario o la persona legitimada. Incluso el TCB reafirma en una sentencia que la usucapión urbana es una materia que los juzgados de primera y segunda instancia sí son competentes para juzgar, y que las administraciones públicas cuentan con criterios técnicos para actuar. Por contenido técnico se entiende el área del inmueble ocupado y el tiempo continuado de la ocupación pacífica de la propiedad. De todos modos, comentaremos un caso en el cual una parcela no alcanza el mínimo establecido por un determinado municipio, pero que sí prevé el EdeC. La función social en este tipo de demanda se aplica con la finalidad de no dejar al propietario la decisión de dar a su inmueble un uso anómalo.

2.2. Los controles externo e interno: ¿Quién controla qué?

En Brasil, la expropiación forzosa solo se realiza mediante decreto presidencial, y la competencia es delegada posteriormente a una potestad administrativa, que en este caso corresponde al Instituto Nacional de la Colonización y la Reforma Agraria (INCRA). Como ya se mencionó, este tipo de control proviene de los poderes constituidos, ya sea el ejecutivo o el administrativo, y, por lo tanto, constituye un control externo, según lo que definimos previamente. Así, cuando el TCB examina un mandado de segurança, generalmente se trata de peticiones de grandes terratenientes que, tras diligencias técnicas realizadas por el INCRA, solicitan al tribunal que frene las supuestas arbitrariedades, aduciendo el inminente peligro de no poder recuperar sus tierras después de una expropiación llena de nulidades y vicios.

El INCRA es el órgano competente para realizar las inspecciones de productividad y eficiencia de la tierra, con personal técnico y especializado que elabora dictámenes a favor o en contra de la expropiación forzosa mediante indemnización por títulos públicos de crédito. Naturalmente, una de las razones por las que los propietarios rechazan la expropiación de sus tierras es esta forma de compensación. En cuanto a la función social como principio jurídico que respalda las decisiones administrativas, el INCRA utiliza el criterio de productividad por hectárea. A mayor producción por hectárea, menor es el riesgo de expropiación forzosa.

Es importante señalar que el INCRA fue creado por el Decreto Federal 1.110/1970, el mismo acto normativo que disolvió otros institutos, centralizando así una competencia que anteriormente estaba distribuida entre el

Instituto Brasileño de Reforma Agraria, el Instituto Nacional de Desarrollo Agrario y el Grupo Ejecutivo de la Reforma Agraria. El Estatuto de la Tierra (ET), Ley Federal 4.504/1964, establece en su art. 14 la preferencia y el apoyo del gobierno a familias y cooperativas que ocupan tierras improductivas, con el objetivo de hacerlas productivas. La misma ley, en su art. 2, caput, §§ 1 y 2, "b", menciona la función social de la propiedad[59].

El mandado de segurança se compara al recurso de amparo en el derecho español. Esta analogía es válida, ya que cualquier persona, ya sea natural o jurídica, que invoque un interés legítimo está habilitada para solicitarlo en defensa de sus derechos y garantías fundamentales, especialmente si existe una amenaza o violación potencial de un derecho que implique indefensión. El mandado es un instrumento jurídico generalmente fundamentado en la idea de irreversibilidad o perjuicio irreparable para el propietario. De este modo, en situaciones de expropiación forzosa, cumple su función al declarar nulos los actos administrativos en los que haya evidencias materiales de abuso de poder o arbitrariedad.

En cuanto a la tutela efectiva de los magistrados del TCB, cuando estiman un mandado de segurança, lo hacen justificando su admisión como un remedio eficaz para evitar la arbitrariedad. Por ello, es común que los recursos planteados por los propietarios contra las decisiones administrativas del INCRA favorables a la expropiación sean finalmente admitidos por el tribunal.

2.3. Los controles externo e interno: mandados de segurança

El Mandado de Segurança núm. 21348-5/1993, relacionado con una expropiación forzosa en una propiedad en el Estado de Mato Grosso do Sul, fue admitido y analizado por el TCB. El titular cuestionó la aplicación del Decreto de 1991, basado en la Ley 8.629/1993 y la Ley Complementaria 76/1993, argumentando que su propiedad no cumplía con los criterios establecidos para una expropiación forzosa con fines de reforma agraria.

---

[59] Aquí un punto de aproximación entre la Ley de Arrendamientos Urbanos de 1964 de la España franquista. El ET, Ley Federal, 4.504/1964, data de los años de la dictadura y fue la estrategia del Junta Militar (1964-1985) para ocupar y poblar el inmenso territorio brasileño. La selección de las áreas pasibles de reforma agraria es prerrogativa presidencial que, con ayuda de sus ministros y técnicos, definen aquellas propiedades objeto de expropiación forzosa. Una vez establecidas las áreas, el INCRA actúa administrativamente como representante del Estado.

La expropiación se promulgó sin tener en cuenta el tamaño de la finca ni las proporciones de productividad de las tierras. Dado que el terreno era de tamaño mediano y constituía su única propiedad, el demandante logró convencer al tribunal, que estimó su recurso. El fundamento jurídico del TCB fue que, dado que la propiedad tenía características de una finca pequeña, la resolución del INCRA no se ajustaba al caso concreto[60].

Una segunda decisión administrativa del INCRA, considerada nula, fue apreciada por el TCB en el Mandado de Segurança núm. 22164-0/1993, en el Estado de São Paulo, por cuestiones de comunicación e indefensión alegada. El titular no fue notificado por el instituto, tal como establece el art. 2, apartado 3, de la Ley 8.269/1993. El tribunal entendió que se había violado el debido proceso, garantizado también por el art. 5, LIV, de la CB. La sentencia también aborda la defensa y garantía de los derechos de la primera, segunda y tercera generación. Una situación similar se dio algunos años después en el Mandado de Segurança núm. 24547-6/2003, en el Distrito Federal. Siguiendo la misma legislación, el tribunal rechazó la aparición dudosa de procedimientos arbitrarios al fijar los días para la visita de inspección sin las diligencias previas de comunicación. Además, se sumaba el error del instituto al no comunicar a todos los titulares de la propiedad, ya que solo uno de ellos había sido notificado. Sin embargo, el incumplimiento de los procedimientos del INCRA durante las inspecciones también se observó en otro caso, el Mandado de Segurança núm. 24488-7/2005, en el Distrito Federal.

Para analizar algunos casos adicionales de actos administrativos defectuosos que causan indefensión, destacamos el Mandado de Segurança núm. 23949-2/2002, en el Distrito Federal, cuando la competencia federal del INCRA envió un mensaje de inspección el mismo día en que el vigilante ya se encontraba en el inmueble. El § 2 del art. 2 de la Ley 8.629/1993 establece la comunicación previa para la visita de funcionarios del Estado. El tribunal entendió que la notificación a los propietarios el mismo día de la inspección reforzaba la ilegalidad y la anulabilidad del procedimiento, y, por lo tanto, la indefensión. El TCB subraya que cualquier formalidad procedimental debe estar no solo en conformidad con lo que establece la ley, sino también con el deber del propietario de someterse a la ley,

---

60 Una finca considerada pequeña en Brasil puede variar de 1 a 5 módulos fiscales. Cada módulo varía de 5 a 110 hectáreas, a depender de la municipalidad donde se encuentre el inmueble. De cualquier manera, estamos hablando de grandes porciones de tierra dada la naturaleza histórica de la propiedad privada en Brasil.

permitiendo la entrada de los funcionarios del INCRA. Así, los controles externo e interno del derecho de propiedad —es decir, lo que se materializa a través del acto administrativo y el deber del propietario de ajustarse a la ley, permitiendo la entrada de los profesionales del INCRA— deben ser congruentes en tiempo y espacio.

Lo mismo ocurrió con el Mandado de Segurança núm. 2213-0/2002, Distrito Federal, presentado conjuntamente por el Partido de los Trabajadores y la Confederación Nacional de los Trabajadores del Campo. El fundamento jurídico del TCB fue que el proceso de reforma agraria no puede llevarse a cabo de manera arbitraria o contraria a la ley, ya sea por autoridades públicas, particulares u organizaciones sociales. En cuanto a los actos administrativos, basados en el principio de proporcionalidad, su objetivo es inhibir y neutralizar el abuso del poder público en el ejercicio de sus funciones inherentes[61]. Respecto al objeto del mandado de segurança en cuestión, el TCB no encontró pruebas de exceso o arbitrariedad en el dictado de la medida provisional cuestionada[62]. La posesión conflictiva está tipificada en el art. 161, II, del Código Penal brasileño. Además, la prohibición de transferir recursos públicos a movimientos, entidades, organizaciones y personas jurídicas involucradas en la ocupación y posesión ilegal de la propiedad privada es constitucional si se verifica la ilegalidad de la conducta[63].

En este caso, el principio de periculum in mora fue invocado por los demandantes, los cuales ocupaban las tierras, pero el tribunal tuvo en cuenta la disposición del art. 62 de la CB y otras normativas del orden jurídico interno, como el art. 95-A de la Ley 4.504/1964, para denegar la petición. El art. 5, inciso XXII, de la Carta Magna también fue citado para garantizar la defensa del derecho a la propiedad, sin perjuicio de que se cumpliera con el debido proceso en la aplicación de la ley de expropiación forzosa. En el mismo año, el Mandado de Segurança núm. 23759-7/2002 muestra la defensa del derecho de propiedad desde la perspectiva de un propietario

---

61 Véanse Serrano (1990), Doménech (1997), Martens (1992) y Ferrer (1985).

62 Las medidas provisionales o "medidas provisórias" son actos del ejecutivo con fuerza de ley en los primeros seis meses. Se parecen mucho a los decretos-leyes en el ordenamiento jurídico y constitucional español.

63 El *Mandado de Segurança núm.* 24764-9/2005, Distrito Federal, propuesto por un propietario privado, fue parcialmente aceptado por el tribunal cuando se probó que la tierra no podía ser expropiada debido a que los movimientos sociales ocuparon el área para presionar al Estado federal. Esta práctica no está permitida por la Ley 8.629/1993, art. 2, § 6.

privado. Los jueces anularon el decreto presidencial de expropiación forzosa, pues no se demostraron los requisitos establecidos en la propia ley en cuanto al interés público relacionado con la reforma agraria. Incluso sobre la aplicación del principio de la función social de la propiedad, el tribunal comprobó abusos por parte del INCRA.

Por otro lado, no siempre los recursos resultan en fallos favorables a los propietarios. Veamos el ejemplo del Mandado de Segurança núm. 22285-9/1996, Estado de São Paulo. El TCB entendió que el procedimiento de expropiación forzosa cumplía con los requisitos mínimos establecidos por la ley en cuanto a las mediciones técnicas de productividad. Sin embargo, lo que el tribunal no hizo fue valorar si la tecnicidad de los criterios en sí constituía abuso, dado que la Ley 8.629/1993, art. 2, § 2, y los arts. 6 y 9 reconocen los parámetros establecidos por la competencia administrativa del INCRA, ya consolidados en la doctrina constitucional. El TCB menciona los arts. 185, II, y 186 de la CB en su fundamento jurídico, afirmando que el aparato técnico utilizado por el poder federal, a través del INCRA, era conforme a la legalidad en materia de expropiación forzosa. Si quedara alguna duda sobre una posible irregularidad procedimental de carácter administrativo, el demandante debía acudir a la instancia ordinaria para que se revisara la posible arbitrariedad o nulidad desde la perspectiva del derecho contencioso-administrativo[64].

El Mandado de Segurança núm. 22302-2/1996, Estado de Paraná, fue rechazado por la misma razón que el anterior. Sin embargo, en este caso, el TCB destacó los Decretos Presidenciales 55.891/1965 y 56.792/1965, que desarrollaban y especificaban, en dos textos refundidos, los capítulos I y III de la Ley 4.504, de 20 de noviembre de 1964 (ET), sobre los criterios de cálculo de la productividad de la tierra. Según los magistrados, el INCRA aplicó el art. 16 de la Ley 4.504/1964 y el art. 45, III, conforme al marco normativo vigente, por lo que no se encontró ninguna irregularidad que justificara la indefensión del propietario. Además, los límites de actuación de la competencia federal habían sido regulados internamente por el Reglamento Normativo 8/1994, que cumplía con lo estipulado en los textos refundidos. Por esta razón, los magistrados negaron la solicitud de nulidad de los decretos presidenciales en cuestión. El mismo razonamiento jurídico

64 En el derecho brasileño, no hay tribunales de lo contencioso-administrativo como en España para dirimir controversias o ejercer el control de los actos administrativos. Esto es también tarea de los juzgados y tribunales ordinarios, de segunda y demás instancias.

se aplicó en el Mandado de Segurança núm. 24503-4/2003, en el Distrito Federal, cuando el demandante intentaba impugnar la Ley 10.267/2001, que modificaba disposiciones de las Leyes No. 4.947, de 6 de abril de 1966; 5.868, de 12 de diciembre de 1972; 6.015, de 31 de diciembre de 1973; 6.739, de 5 de diciembre de 1979; 9.393, de 19 de diciembre de 1996, y adoptaba otras medidas.

El Mandado de Segurança núm. 22802-4/1997, Estado de Paraíba; el No. 23312-9/1999, Estado de Paraná; y el No. 23032-6/2001, Estado de Alagoas, pueden entenderse como ejemplos de conflicto entre la justicia extraordinaria y la ordinaria. En estos casos, el TCB razonó que las irregularidades procedimentales son materia de primera y segunda instancia. Cuestiones técnicas sobre la productividad, el tamaño de la parcela y el Derecho Civil no se tratan prima facie en el TCB, pues los juzgados de primera instancia tienen competencia para analizar las posibles inconformidades en cuanto al control de los límites externos del derecho de propiedad. Los arts. 186 y 5, LIV, de la CB definen la debida diligencia procedimental como un derecho, pero la constitucionalidad de los actos solo sobrepasa las instancias ordinarias si éstas se niegan a revisar el procedimiento dudoso, lo que genera indefensión para el propietario. El TCB también subraya la importancia de delimitar el contenido de los recursos dentro del ámbito de un mandado de segurança, especialmente cuando se trata de una sentencia firme de tribunales inferiores, con el agotamiento de las vías recursales antes de llegar al TCB. En resumen, los *mandados de segurança* se invocan con el fin de garantizar el debido proceso legal cuando cualquier persona se vea impedida de ejercer la vida, la propiedad y la libertad sin un debido proceso.

A lo largo de los años desde la promulgación de la CB de 1988, el TCB fue asentando progresivamente la jurisprudencia que denominamos de corrección sobre el control de los límites externos del derecho de propiedad. Es decir, el tribunal no puede resolver controversias basadas en simples dudas o la posibilidad de actos administrativos defectuosos sin pruebas mínimas, o simplemente por el sentimiento de desconfianza que los propietarios puedan tener respecto al procedimiento judicial de primera instancia. Los §§ 2 y 3 de la Ley 8.629/1993 reforzaron el razonamiento jurídico del tribunal en este sentido. Un ejemplo de esta *ratio decidendi* aparece en el Mandado de Segurança núm. 23148-4/2002, Estado de Goiás, caso de la Hacienda Santa Rosa. En esta ocasión, se rechazaron los argumentos de los demandantes, pues la parte demandante, fundamentando su petición en los arts. 6 y 7 de la Ley 8.629/1993, cuestionaba si los criterios de productividad del área y las cuestiones técnicas relacionadas con la implementación de proyectos innovadores agrícolas eran completamente válidos. El TCB respondió que dicha duda debía resolverse en una instancia ordinaria y, en caso de que se configurara la indefensión del apelante, entonces sería procedente un *mandado de segurança*. En el Mandado de Segurança núm. 24494-1/2004, Distrito Federal, el TCB desestimó la petición del propietario por la misma razón. En todos estos casos, el TCB afirmó que su órgano constitucional no estaba impedido de examinar las licencias y los diplomas de los funcionarios o contratados del INCRA, pero que la solicitud debía presentar evidencia mínima de carácter procedimental que resultara en una violación de un derecho fundamental y, por ende, en la producción de indefensión.

Un tema polémico que pone en cuestión los límites internos de la propiedad surgió a raíz de la división de una propiedad heredada. En este caso, se disputa la competencia federal entre dos partes: por un lado, los movimientos sociales sin tierra, que abogan por la expropiación de la propiedad para la reforma agraria, y, por otro, los propietarios, quienes se oponen al decreto presidencial que autoriza la expropiación. En el Mandado de Segurança núm. 24573-5/2006, Distrito Federal, uno de los propietarios argumentó que su derecho a la propiedad se veía amenazado, dado que sus tierras figuraban en la lista de inspección del INCRA como improductivas[65].

El propietario impidió el acceso de los funcionarios federales a su tierra, argumentando que su caso no se ajustaba al decreto presidencial y, por tanto, se negó a cooperar con los procedimientos, los cuales, sin embargo, fueron llevados a cabo por la autoridad federal brasileña. El TCB declaró que el § 6 del art. 46 del ET, 4.504/1964, regulaba las acciones competentes en cuanto a las inspecciones de productividad y establecía el procedimiento adecuado cuando el propietario se negaba a colaborar con las autoridades. No obstante, dado que el acto de inspección fue declarado inválido, la inspección realizada por los agentes no podía ser considerada para analizar los requisitos necesarios para el cumplimiento de la función social. Además, el propietario presentó registros públicos que demostraban que el área inspeccionada había sido subdividida en parcelas más pequeñas y transformada en nueve condominios residenciales, en lugar de ser utilizada para la producción agrícola.

En otro fallo relacionado con el control de los límites internos, el Mandado de Segurança núm. 25299-5/2006, Distrito Federal, abordó un caso en

---

65 Véanse los *Mandados de Segurança* núm. 24307-4/2002, Distrito Federal; núm. 26129-3/2007, Distrito Federal; núm. 26192/2011, Estado de Paraíba; núm. 25344/2014, Distrito Federal; núm. 26336/2014.

el que los propietarios intentaron modificar los criterios establecidos por la jurisprudencia del tribunal en el art. 46, § 6, de la Ley 4.504/1964. Los demandantes solicitaban que los jueces declararan el fragmento ideal en casos de parcelación de suelo rural productivo y, además, que se definiera cuál sería la jurisdicción competente para fines de reforma agraria. De aceptarse su solicitud, el terreno no podría ser considerado objeto de expropiación en virtud del decreto presidencial, ya que la superficie de cada unidad no cumplía con los criterios de tamaño establecidos por el propio decreto, ni los requisitos de la inspección del INCRA. El TCB desestimó el mandado de segurança, argumentando que los registros de propiedad solo probaban la parcelación de la tierra posterior a la promulgación de la Ley 4.504/1964. Además, citó los arts. 1.784 y 1.791 del CC brasileño para defender la indivisibilidad de la propiedad, en contradicción con lo que la ley establece para proteger el derecho de propiedad. Esta sentencia se encuentra en línea con otros casos, como los Mandados de Segurança 25304/2004 y 25299/2005, en los que el tribunal reafirma la imposibilidad de aplicar criterios ex post a la ley en cuestiones de parcelación que impidan el cumplimiento de la función social de la propiedad en tierras rurales improductivas.

2.4. *Los controles externo e interno: impuestos y usucapio*

Esta subsección se dedica al análisis de los recursos presentados ante el TCB, el cual se pronuncia sobre la aplicación efectiva de impuestos progresivos sobre bienes inmuebles y un caso de usucapión. Es relevante señalar que, en los años posteriores a la promulgación de la CB, el principio de la función social de la propiedad no fue reconocido de inmediato como un mecanismo para corregir posibles abusos o distorsiones en el sistema tributario. Ni los propietarios ni los plenos municipales percibían la propiedad urbana como un elemento central en la distribución de la plusvalía, como herramienta contra la especulación o como medio de control de la propiedad. En Brasil, la función social de la propiedad fue un tema de extenso debate durante la asamblea constituyente entre 1987 y 1988. En ese período, la perspectiva privada consistía en imponer límites internos a la propiedad, buscando minimizar su responsabilidad tributaria para cuestionar los impuestos progresivos sobre bienes inmuebles, pero con el argumento de que, de no ser así, se pondría en peligro la propia función social de la propiedad[66].

---

66 Recordamos que el control externo se define por los límites impuestos por ley a la propiedad privada de forma que no se produzca un uso anómalo del bien. La

En primer lugar, las competencias administrativas locales no solían especificar en sus planeamientos urbanísticos cómo harían cumplir la función social de la propiedad. Además, el hecho de que el TCB no validara la constitucionalidad de la aplicación de estos impuestos se debía a que la herramienta legal para corregir distorsiones en la propiedad urbana no estaba reconocida en la ley escrita. En segundo lugar, la motivación utilizada por la actuación administrativa, al margen de la ley, no explicaba los criterios de discriminación positiva, proporcionalidad ni los trámites de audiencia que debían aplicarse en casos de corrección o sanación de defectos para implementar el impuesto progresivo como medio de hacer efectiva la función social prevista en la constitución. Asimismo, la plusvalía de la propiedad urbana, que también debía ser considerada al calcular el impuesto progresivo, no era uniforme entre las municipalidades del país. Solo con la corrección por omisión mediante el EdeC en 2001, y previamente con la Enmienda Constitucional 29/2000, los propietarios ya no pudieron cuestionar la progresividad del impuesto sobre bienes inmuebles, basado en el precio venal de la propiedad y su localización, como un acto fuera de la legalidad.

En el Recurso No. 153771-0/1996, presentado al Juzgado de Primera Instancia del Municipio de Belo Horizonte, se desestimó la solicitud de la competencia local para aplicar el impuesto sobre bienes inmuebles de manera progresiva en contra de un propietario privado. El Ayuntamiento de Belo Horizonte apeló al TCB, basándose en el art. 182, § 2 y 4, inciso II, de la CB, argumentando que la competencia para aplicar el impuesto solo desarrollaba lo dispuesto en el subapartado 2.2.3 del Sector II de la Tabla III, Ley 5.641 de diciembre de 1989, de la Municipalidad de Belo Horizonte. Según la municipalidad, no seguir dicho razonamiento jurídico constituiría un acto ilícito, dado que la efectividad de los impuestos progresivos atendía a la función social de la propiedad. No obstante, el TCB aclaró que la progresividad del impuesto no puede fundamentarse en los

---

competencia para su ejercicio se verifica tanto por parte de las administraciones públicas como por el control judicial del uso anómalo de la propiedad. Por otro lado, el control interno es aquello que hace el propio titular del inmueble que, bajo el argumento de cumplir con lo que impone una norma primaria, demanda a las potestades administrativas y a los juzgados o tribunales que le concedan lo que es de derecho como un permiso, una licencia, etc. También se practica el control interno cuando los propietarios ven su derecho vulnerado por el abuso o arbitrariedad de la potestad administrativa o por el propio incumplimiento de una norma claramente aplicable.

ingresos individuales del propietario derivados del uso del bien inmueble, ya que, conforme a los arts. 145 y 156, § I de la CB, tales ingresos no constituyen una base jurídica válida para aplicar el impuesto progresivo sobre la propiedad. El mismo fundamento jurídico fue aplicado en los Recursos No. 167654-0/1997, Municipio de Belo Horizonte, y No. 189824-8/1997, Municipalidad de São Paulo.

En la década de 1990, la Municipalidad de Santo André, a través del Recurso No. 192737-2/1997, intentó imponer impuestos sobre la propiedad en base a la Ley 6.747/1990. El propietario se opuso a los arts. 2, 3 y 4 de la legislación municipal, alegando que, de aplicarse, la progresividad del impuesto sobre bienes inmuebles resultaría en una doble tributación. Fundamentó su solicitud en la nulidad de todas las normas contrarias a la CB, conforme al art. 102, III, "a", de la Carta Magna. El tribunal supremo consideró que el municipio excedió sus competencias al aplicar la progresividad en los impuestos urbanísticos, pues el fundamento jurídico de la ley no estaba alineado con la función social de la propiedad, ni siquiera mencionaba explícitamente el concepto, tal como lo establece el texto constitucional. En consecuencia, los magistrados declararon inconstitucionales las disposiciones municipales impugnadas. Asimismo, el tribunal sustentó su decisión en el art. 97, § 1, del Código Tributario Nacional, así como en los arts. 59, 61 y 69 de la CB, ya que la aplicación progresiva de los impuestos sobre bienes inmuebles debe estar regulada por legislación y un acto administrativo motivado. Casos similares, como los recursos de casación No. 191181-3/1997 y No. 194944-7/1997, Municipalidad de São Paulo, reflejan esta tendencia[67].

---

67 El hecho de que la función social de la propiedad, por mandato constitucional, podría ser aplicada mediante los impuestos progresivos sobre bienes inmuebles, las municipalidades brasileñas entendieron que tenían competencia exclusiva en la materia. La jurisprudencia del TCB muestra que la competencia es atribuida, pero harmonizada con el principio de la función social tal como aparece en la CB y, consecuentemente, el control de la arbitrariedad e ilegalidad cuando se trata de violación de derechos fundamentales concentrado por el TCB. Sobre el tema, véase Simioni (2006). La Enmienda Constitucional 29/2000 y la *Súmula Vinculante* 668/2003 pusieron fin a aquellas interpretaciones que cuestionaban la aplicación de impuestos progresivos sobre la propiedad urbana. Por un lado, por esclarecer que una vivienda vacía y no cumplidora de su función social es pasible tanto de sanción administrativa cuanto de impuestos progresivos en el tiempo y en el espacio. No obstante, tal prerrogativa de las municipalidades no debe ignorar los principios de progresividad y proporcionalidad. Además, el procedimiento administrativo común no debe producir indefensión. Por otro lado, específicamente,

La Súmula Vinculante No. 668/2003 merece algunos comentarios. Este mecanismo constitucional tiene como objetivo uniformar la jurisprudencia del TCB, consolidada a través de decisiones reiteradas en materia constitucional, y otorga fuerza vinculante a los órganos del Poder Judicial y de la administración pública, tanto a nivel federal como estatal y municipal, según lo estipulado en el art. 103-A de la CB. En otras palabras, la Súmula Vinculante No. 668/2003 fue elaborada por el TCB, invocando el principio de la función social de la propiedad reconocido en los arts. 5, XXIII, y 182, §§ 2 y 4, de la CB, reafirmando los principios, derechos, deberes y procedimientos tanto para el control externo como interno del derecho de propiedad. La interpretación del art. 145, inciso III, se inclinó hacia la idea de que los impuestos sobre bienes inmuebles deben incluir los costos municipales relacionados con la mejora de los espacios públicos. En ella, se reconoce la competencia del poder municipal para aplicar impuestos progresivos, respaldada por el art. 156, inciso I. La súmula ejemplifica el control concentrado ejercido por el TCB para unificar la interpretación de los fundamentos legales y el procedimiento judicial adecuado, lo que permite a los juzgados y tribunales abordar una materia de manera coherente. Asimismo, la súmula establece un marco temporal para la aplicación de la interpretación de un texto normativo o principio, evitando decisiones jurídicas o administrativas desfavorables. Los recursos No. 338859-2/2006 y No. 362578-1/2008 son claros ejemplos de este principio, ya que la Municipalidad de Río de Janeiro, al aplicar el impuesto progresivo a un hotel, tuvo que ajustarse a la regla temporal, lo que impidió retroceder en el tiempo y agravar el uso anómalo de la propiedad.

El último caso de esta subsección aborda el Recurso No. 422349/2015 sobre la usucapión en la Municipalidad de Caxias do Sul. El poseedor, que ocupaba una unidad urbana de 225 metros cuadrados desde 1991, enfrentó un conflicto debido a que, según el art. 9 de la Ley Municipal No. 308/2008, la posesión era irregular, ya que la norma local exigía 360 metros cuadrados para una parcela mínima de suelo urbanizable. Así, surgió el primer desacuerdo: la administración pública se negó a reconocer, mediante un parecer técnico, que el área del terreno cumplía con el requisito de la parcela mínima. Además, el ayuntamiento cuestionaba constitucio-

---

sobre la progresividad, si el inmueble pertenece a una zona urbana en la que se ha invertido más dinero público, por ejemplo, transporte público e infraestructura de gran magnitud, los ayuntamientos pueden aplicar criterios de proporcionalidad considerando tal particularidad sin que exista discriminación negativa entre propietarios y amenace el interés general.

nalmente el tamaño de la posesión, dado que el art. 183 de la CB establece un mínimo de 250 metros cuadrados. En segundo lugar, la Municipalidad de Caxias do Sul, tras años de intentos infructuosos, no pudo localizar al propietario registrado, y como ya había demostrado el poseedor, los plazos y procedimientos para tal propósito ya se habían agotado.

En relación con el primer desacuerdo, la solución del TCB se basó en el art. 183 de la CB: "Adquirirá el dominio quien posea como propio, durante cinco años, ininterrumpidamente y sin oposición, una superficie urbana de hasta doscientos cincuenta metros cuadrados, destinándola a vivienda propia o de su familia, siempre que no posean otra propiedad urbana o rural". En consecuencia, la parcela mínima establecida por la Municipalidad de Caxias do Sul fue declarada inconstitucional. El tribunal también destacó que, en este caso, el propio EdeC, en sus arts. 9 a 14, ya había establecido los parámetros para la parcela mínima, así como para la posesión pacífica y continua. El TCB reconoció además que el inmueble estaba comprometido con la función social, conforme al art. 39 del EdeC, ya que el propósito de este principio es evitar el uso anómalo del derecho de propiedad[68].

3. TEMPORA MUTANTUR, NOS ET MUTAMUR IN ILLIS[69]

3.1. Los sentidos mutables en las constituciones

En Brasil, el art. 5, inciso XIII de la CB de 1988 se utiliza con frecuencia como fundamento legal para respaldar la idea de que los propietarios deben

---

68 Si bien el caso de *usucapio* evolucionó con base en aspectos técnicos y procedimentales favorablemente al poseedor, hay otros que configuran el completo abuso por parte de propietarios y poseedores. El Recurso núm. 140436-1/1999, Municipio de São Paulo, es sobre poseedores de viviendas que habían construido en un área ambientalmente protegida y que luego y que, pasados los cinco años, sin poder ser notificados por la administración pública, requerían el título de propiedad. El TCB rechazó peticiones semejantes y citó el art. 572 del CC brasileño, llamando la atención sobre aquellas zonas *non aedificandi*. Considera el tribunal que la función social de la propiedad, art. 5, XXIII, CB; y el derecho de propiedad recogido en el apartado XXII del mismo artículo, están en armonía con el planeamiento urbanístico municipal que también impone limitaciones a servidumbre *non aedificandi*. Como los límites internos, como ya nos hemos referido anteriormente, no solamente se ejercen por el propietario, más por el conjunto de la sociedad y por el interés general, la ocupación de dominios públicos de forma irregular no configura ni interés ni la función social.

69 *Los tiempos cambian y nosotros cambiamos con ellos,* traducción libre.

cumplir con la función social en el uso de sus bienes. Un observador ajeno a la realidad brasileña podría pensar que dicho principio no es innovador, ya que su aplicación en materias como la expropiación forzosa, los impuestos progresivos sobre bienes inmuebles y la usucapión también se refleja en la *ratio decidendi* de tribunales de otros países. No obstante, son pocos los sistemas jurídicos que han aprobado un texto legal como el EdeC, la Ley 10.257/2001. En un contexto marcado por una profunda desigualdad socioeconómica y material, la propiedad sigue siendo uno de los pilares fundamentales para el acceso a la vivienda y la construcción de ciudades más humanas. Por ello, es pertinente abordar los controles internos y externos derivados del ejercicio del derecho de propiedad, los cuales tienen como fin primordial la función social de las ciudades. En este sentido, la propiedad debe servir, por principio, al derecho a la vivienda y al derecho a la ciudad.

El art. 182 de la CB, sobre las políticas urbanas, establece que la función social de la ciudad tiene como objetivo general el bienestar de quienes habitan en ella: "La política de desarrollo urbano, implementada por el gobierno municipal, de acuerdo con los lineamientos generales establecidos por la ley, tiene como objetivo organizar el pleno desarrollo de las funciones sociales de la ciudad y garantizar el bienestar de sus habitantes". La misma disposición también asigna responsabilidades a los municipios, estableciendo que la planificación del desarrollo urbano y la ordenación territorial deben aplicarse a las áreas con más de veinte mil habitantes. Este criterio numérico es crucial para la implementación de la función social de la propiedad, ya que ofrece un parámetro objetivo y cuantificable. En los §§ 1 y 2 del art. 182, se precisa que el "plan director, aprobado por el Ayuntamiento, de obligado cumplimiento para las ciudades de más de veinte mil habitantes, es el instrumento básico de la política de desarrollo y expansión urbana", y que "la propiedad urbana cumple su función social cuando satisface los requisitos fundamentales de ordenación de la ciudad expresados en el plan urbanístico". Finalmente, el apartado 4 del art. 182 transfiere a los gobiernos municipales la responsabilidad de evitar el uso anómalo de la propiedad a través de actuaciones administrativas, tales como la parcelación obligatoria de terrenos urbanos, los impuestos progresivos sobre bienes inmuebles o incluso la expropiación forzosa.

En España, el art. 33.2 de la CE de 1978 establece que "La función social de estos derechos [el de propiedad y el de herencia] delimitará su contenido, de acuerdo con las leyes"[70]. Por otro lado, según el propio texto

[70] La información entre corchetes es nuestra para facilitar la lectura del apartado.

constitucional, las competencias en materia de ordenación del suelo urbano, urbanismo y vivienda son de las Comunidades Autónomas y se recogen en el art. 148.1.3 de CE. Si miramos el Real Decreto Legislativo 7/2015, acerca del principio de desarrollo territorial y urbano sostenible, su art. 3.1 afirma que "Las políticas públicas relativas a la regulación, ordenación, ocupación, transformación y uso del suelo tienen como fin común la utilización de este recurso conforme al interés general y según el principio de desarrollo sostenible, sin perjuicio de los fines específicos que les atribuyan las Leyes". Con relación a la función social de la propiedad y el control externo del uso del inmueble por las administraciones públicas, el art. 49.1 del mismo texto legal, sobre la procedencia y alcance de la venta o sustitución forzosas prevé que: "El incumplimiento de los deberes establecidos en esta ley habilitará a la Administración actuante para decretar, de oficio o a instancia de interesado, y en todo caso, previa audiencia del obligado, la ejecución subsidiaria, la expropiación por incumplimiento de la función social de la propiedad, la aplicación del régimen de venta o sustitución forzosas o cualesquiera otras consecuencias derivadas de la legislación sobre ordenación territorial y urbanística". Por fin, el art. 3.4 destaca que los poderes públicos tienen que crear las condiciones para que el suelo esté "vinculado a un uso residencial por la ordenación territorial y urbanística" y "al servicio de la efectividad del derecho a disfrutar de una vivienda digna y adecuada, en los términos que disponga la legislación en la materia".

Además, las competencias en materia de ordenación del suelo urbano, urbanismo y vivienda recaen en las Comunidades Autónomas, conforme al art. 148.1.3 de la CE. El Real Decreto Legislativo 7/2015, referente al principio de desarrollo territorial y urbano sostenible, en su art. 3.1, afirma que "Las políticas públicas relativas a la regulación, ordenación, ocupación, transformación y uso del suelo tienen como fin común la utilización de este recurso conforme al interés general y según el principio de desarrollo sostenible, sin perjuicio de los fines específicos que les atribuyan las Leyes". En relación con la función social de la propiedad y el control externo sobre el uso del inmueble por las administraciones públicas, el art. 49.1 de este mismo texto legal establece que: "El incumplimiento de los deberes establecidos en esta ley habilitará a la Administración actuante para decretar, de oficio o a instancia de interesado, y en todo caso, previa audiencia del obligado, la ejecución subsidiaria, la expropiación por incumplimiento de la función social de la propiedad, la aplicación del régimen de venta o sustitución forzosa o cualesquiera otras consecuencias derivadas de la legislación sobre ordenación territorial y urbanística". Además, el art. 3.4 subraya que los poderes públicos deben generar las condiciones para que el suelo esté "vinculado a un uso residencial por la ordenación territorial y urbanística" y "al servicio de la efectividad del derecho a disfrutar de una vivienda digna y adecuada, en los términos que disponga la legislación en la materia".

A lo largo de este capítulo y los anteriores, hemos intentado demostrar que el concepto de propiedad ha experimentado una evolución sustancial para adaptarse a las realidades sociales, económicas y políticas de cada época. En su origen, la propiedad se concebía como un derecho absoluto e inviolable del individuo, con sistemas de control subjetivos y, en muchos casos, arbitrarios, careciendo de un respaldo en un ordenamiento jurídico e institucional democrático. Sin embargo, en la actualidad, observamos cómo legislaciones de países como Brasil y España han incorporado la función social de la propiedad, adaptando este derecho a las necesidades colectivas y al bienestar general. En Brasil, la CB y el EdeC reflejan, por ejemplo, un compromiso con la justicia social y la equidad, al tiempo que imponen límites al ejercicio del derecho de propiedad con el fin de garantizar el acceso a la vivienda y, por ende, la construcción de ciudades más humanas. De manera similar, en España, tanto la CE como el Real Decreto Legislativo 7/2015 establecen que la regulación del suelo debe alinearse con el interés general y el desarrollo sostenible, haciendo hincapié en la función social de la propiedad. Estas transformaciones demuestran que el derecho de propiedad no es estático, sino que se redefine constantemente para dar respuesta a las demandas sociales, especialmente de aquellos sectores más vulnerables, reafirmando que, efectivamente, los tiempos cambian y nosotros cambiamos con ellos. Así, la idea de que el derecho de propiedad evoluciona en el tiempo, adaptándose a los cambios sociales y a los controles externos e internos, es esencial para la efectividad del derecho a la ciudad.

Por último, cabe resaltar la experiencia de la Ciudad de México en lo relativo al uso del suelo y la función social. Estos aspectos reguladores del derecho de propiedad se formalizaron en el punto 3.1.2 de la Carta de la Ciudad de México por el Derecho a la Ciudad de 2011. En 2017, se aprobó la Constitución Política de la Ciudad de México, que en su art. 3.2, "b", establece: "La función social de la Ciudad, a fin de garantizar el bienestar de sus habitantes, en armonía con la naturaleza". En este contexto, se evidencia cómo la función social se va integrando de manera creciente en los ordenamientos jurídicos de las democracias actuales, particularmente con la creciente apertura de las administraciones públicas y los gobiernos. El art. 60.1 recoge, por ejemplo, los principios rectores para hacer efectiva la participación ciudadana y el derecho a la buena administración: "Se garantiza el derecho a la buena administración a través de un gobierno abierto, integral, honesto, transparente, profesional, eficaz, eficiente, austero, incluyente y resiliente que procure el interés público y combata la corrupción". Estos principios se vinculan al ejercicio del derecho a la ciudad, expresado en el art. 12 del texto legal, que establece:

> 1. La Ciudad de México garantiza el derecho a la ciudad que consiste en el uso y el acto pleno y equitativo de la ciudad, fundado en principios de justicia social, democracia, participación, igualdad, sustentabilidad, de respeto a la diversidad cultural, a la naturaleza y al medio ambiente.
> 2. El derecho a la ciudad es un derecho colectivo que garantiza el ejercicio pleno de los derechos humanos, la función social de la ciudad, su gestión democrática y asegura la justicia territorial, la inclusión social y la distribución equitativa de bienes públicos con la participación de la ciudadanía.

En cuanto a la regulación del suelo y la ordenación territorial, el art. 16, letra "c", destaca que:

> Esta Constitución reconoce la función social del suelo y de la propiedad pública, privada y social, en los términos de la Constitución Política de los Estados Unidos Mexicanos. El Gobierno de la Ciudad es responsable de administrar y gestionar el suelo para garantizar la distribución equitativa de las cargas y los beneficios del desarrollo urbano, el desarrollo incluyente y equilibrado, así como el ordenamiento sustentable del territorio de la Ciudad y, en forma concurrente, del entorno regional, considerando la eficiencia territorial y la minimización de la huella ecológica[71].

Se trata, entonces, de reflexionar sobre la función social de la propiedad y el suelo desde una óptica de control democrático. Es decir, por un lado, el poder judicial y las administraciones públicas deben estar habilitados para supervisar externamente el uso indebido del derecho de propiedad. Por otro, lo que refuerza la función social de la propiedad y de la ciudad, mediante mayor transparencia y participación ciudadana, es, en realidad, la expansión del control interno del derecho de propiedad. Los representantes de la sociedad civil organizada, los movimientos sociales y las asociaciones tienen la capacidad de persuadir a los propietarios de que el uso adecuado de este derecho no solo proporciona seguridad jurídica a la propiedad, sino que también genera beneficios socioeconómicos para la sociedad en su conjunto.

---

[71] Véase Ciudad de México (2016).

3.2. Los sentidos mutables del derecho de propiedad

El concepto de propiedad ha sufrido una transformación significativa desde finales del siglo XIX hasta principios del XX. Inicialmente concebida como un derecho absoluto, la propiedad ha sido reinterpretada a la luz de nuevas teorías y reformas constitucionales. Este proceso ha propiciado un debate más amplio sobre la función social de la propiedad y sus implicaciones en la sociedad contemporánea. Tal evolución no solo redefine los límites de lo que significa ser propietario, sino también las responsabilidades asociadas a este derecho. Léon Duguit, destacado jurista francés, fue uno de los primeros en incorporar la noción de la función social de la propiedad. Duguit sostuvo que, aunque la propiedad esté respaldada y protegida por el Estado, debe estar sometida a límites internos. Propuso que los propietarios de bienes raíces, al beneficiarse del apoyo legal y la protección estatal, deberían retribuir de alguna forma a la sociedad por el beneficio social inherente al derecho de propiedad[72].

Esta perspectiva introdujo una dimensión ética y social en la noción de propiedad, traducida en lo que él denominaba "deberes", una visión que hasta entonces había sido abordada principalmente desde un enfoque legal y económico. En 1911, Duguit sugirió que el valor y la equidad de los títulos de propiedad eran el reflejo directo de las transformaciones sociales, y que la propiedad debía evolucionar conforme a los cambios de riqueza generados por la propia sociedad. Esto implica que el valor de la propiedad no está determinado únicamente por el mercado de compraventa, sino también por las políticas públicas de infraestructura y equipamiento urbano. Así, la influencia estatal sobre el valor de la propiedad revela la interconexión entre la propiedad privada y el bienestar social, destacando que los propietarios tienen una responsabilidad hacia la comunidad que les proporciona el entorno en el que sus propiedades existen.

En el ámbito del derecho constitucional comparado, la Constitución de Weimar de 1919 en Alemania marcó un hito al introducir la idea de que las leyes deben determinar los conceptos y límites del derecho de propiedad. Este cambio legislativo devolvió la definición de la propiedad a un cuerpo representativo político, reflejando un elemento de soberanía popular. Este proceso de toma de decisiones políticas limitó el derecho de propiedad y ajustó su dimensión económica para alinearla con el interés general, evidenciando un avance hacia una concepción más socialmente responsable de la propiedad.

72 Véase Duguit (1920).

Otra innovación de la Constitución de Weimar fue la clara distinción entre las propiedades residenciales y las productivas. Esta visión progresista reconoció que las propiedades destinadas a la producción económica debían contribuir al interés general de manera distinta a aquellas de uso residencial. De esta forma, se promovió una mayor equidad y justicia en la manera en que las propiedades afectan la economía y la sociedad en su conjunto. Este enfoque resulta ser una comprensión más compleja y matizada de la función de la propiedad, una perspectiva que sigue reflejándose en la *ratio decidendi* de los tribunales constitucionales de España y Brasil.

Capítulo IV

La ciudad, los derechos y la buena administración: transparencia, participación y control social

1. EL DEBATE FILOSÓFICO DE LA CIUDAD Y LA TRANSFORMACIÓN URBANA

El debate sobre el derecho a la ciudad se concibe inicialmente desde un enfoque filosófico y surge a finales de la década de 1960. Henri Lefebvre fue el pensador que presentó una teoría crítica sobre la transformación urbana en el auge de la socialdemocracia europea, en los países democráticos y con los más altos niveles de desarrollo, en contraste con aquellos que vivían bajo dictaduras en Europa. En ese contexto, el concepto de ciudad como derecho nace como una alerta sobre la riqueza generada a través del desarrollo de las urbes y, al mismo tiempo, como una denuncia de la rápida acumulación de capital originada del trabajo y de la producción en las décadas de reconstrucción del continente: "[...] la rencontre et le rassemblement de ce que existe aux alentours, dans 'l'environment' (biens et produits, actes et activités, richesses) et par conséquent la societé urbaine comme lieu socialmente privilégié, comme sens des activités (productrices et consommatrices), comme rencontre de l'œuvre et du produit"[73].

Como pensador crítico activo en los años 60 y 70, Henri Lefebvre propuso un nuevo rol para la filosofía y la acción social en favor de una transformación del hombre y del espacio. Para él, la filosofía no podía aislarse en una contemplación pasiva de los temas tradicionales, sino que debía reinventar su capacidad de acción social, así como las formas del mundo material: "La production industrielle a bouleversé les notions concernant la capacité sociale d'agir, de créer du nouveau, de maîtriser la nature matérielle. La philosophie ne pouvait maintenir sa mission traditionelle, ni le philosophe sa vocation: définir l'homme, l'hummain, la societé, le monde et du même coup prendre en charge la création de l'homme par son effort, son travail, sa volonté, sa lutte contre les determinismes et les hasards"[74].

---

[73] Véase Lefebvre (2009a, p. 86).

[74] Véase Lefebvre (2009b, pp. 127-129).

Es importante notar que Henri Lefebvre partía de la idea de la autonomía del pensamiento y la acción para fundamentar cómo la transformación urbana se había distanciado de lo humano. Lefebvre denunciaba las marcas de la opresión estatal en el espacio y señalaba que el propio espacio se había convertido en objeto de decisión de unos pocos. Así, como primer paso, era urgente observar de forma más atenta esta distancia entre el espacio de acumulación y el espacio de las clases que más habían contribuido a la producción de capital y al trabajo. Para Lefebvre, no logramos liberarnos de una herencia violenta y opresora que legitima una sociedad política vertical desde hace siglos. La gran diferencia entre la opresión actual y la anterior radica en la soberanía espacial: "Como ya sabemos, el concepto de Soberanía permite al Estado monárquico afirmarse contra la Iglesia y el Papado, contra los señores feudales. Ese concepto hace del Estado y de sus secuaces la 'sociedad política', dominante y trascendente de la sociedad civil, los grupos y las clases [...] Ahora bien, Soberanía implica 'espacio', y además espacio sobre el que se ejerce una violencia (latente y manifiesta), esto es, un espacio establecido y constituido por la violencia"[75].

Para Henri Lefebvre, la transformación del espacio exige, hasta cierto punto, la participación social y la lucha por más derechos, pero también demanda una acción política organizada por diferentes colectivos en función de la crítica al modelo de acumulación de capital en contextos urbanos. Lefebvre emplea así el concepto de derecho a la ciudad como una maduración de ideas y experiencias históricas en favor de un espacio que sea legítimamente representado por aquellos que lo construyen con sus propias manos. Aunque parezca paradójico, el espacio no puede resultar de la plusvalía, del fetichismo de los tecnócratas ni de la reificación de las relaciones humanas en nombre de una supuesta ciencia llamada urbanismo. Tampoco implica una actitud que invite a los individuos a asumir el proceso de toma de decisiones por puro utilitarismo y funcionalismo. Para él, las ciudades no son depósitos de deseos ni espacios de un progreso material arbitrario; deben surgir y florecer como consecuencia de las conquistas de la clase trabajadora.

Sin embargo, para lograr el protagonismo social que evocan las ideas de Henri Lefebvre, se propone una analogía entre el derecho de propiedad y los controles internos de su uso. Se trata, por lo tanto, de comprender la transformación espacial desde la agencia difusora de la función social de la propiedad, es decir, el conjunto de demandas que los agentes sociales

---

75 Véase Lefebvre (2013, p. 317).

por más viviendas proponen. Ya sea en Brasil o en España, los movimientos sociales que luchan por el derecho a una vivienda digna y accesible han demostrado cómo la realidad económica y el sistema de propiedad afectan drásticamente la vida de las personas. Actores importantes como el *Movimento dos Trabalhadores Sem-Teto* (MTST) y la Plataforma de Afectados por la Hipoteca (PAH) han señalado el problema del acceso a la vivienda como central para lograr una sociedad democrática y una inclusión socioeconómica de la clase trabajadora. Su fortaleza intelectual no está coordinada por el *establishment*, sino que utiliza críticamente las nociones del derecho constitucional a la vivienda para plantear sus demandas, en lo que Henri Lefebvre denomina una transformación del espacio por quienes trabajan y producen. Sin embargo, se trata aún de lo que entendemos como un proto-derecho, pues la denuncia del proceso de acumulación desigual de la riqueza en torno al uso anómalo del derecho de propiedad no viene acompañada de una fórmula que escape al modelo binario de propiedad-propietario y propiedad-inquilino. Para superar la lógica de la plusvalía que rige el espacio de las ciudades, es necesario ir más allá.

2. LA EXPANSIÓN DEL CONTROL INTERNO DEL DERECHO DE PROPIEDAD

La discusión sobre el uso del derecho de propiedad, la vivienda y la ciudad ha puesto en evidencia cómo la ordenación territorial es un tema complejo, en el que no se puede ignorar la dimensión decisional, sobre todo porque esta sufre una enorme presión de quienes controlan el capital[76]. Las finanzas especulativas globales en los negocios inmobiliarios son un ejemplo de la tradición del *dominium* residual o de lo que Henri Lefebvre denomina un "espacio constituido por la violencia". Es innegable que las viviendas vacías y las formas distorsionadas de uso del derecho de propiedad constituyen, en gran medida, prácticas de grandes inmobiliarias, bancos o instituciones financieras cuyo objetivo suele reducirse al interés

[76] "Despite the fact that housing was recognized as a human right in the International Covenant on Economic, Social and Cultural Rights, its separation from the right to life seemed to have severed it from core human rights values; there was a distinct contrast between the way deprivations of the right to housing were described by rights holders and the way they were discussed by government officials. At the international level, housing was more often associated with development and infrastructure programmes than with fundamental human rights". Véase United Nations (2016a, p. 5).

individual. La vivienda es incluso interpretada por los Estados más como un resultado económico que como un derecho, lo que refuerza una visión privatista sobre algo inherente a la existencia humana. De este modo, el uso no anómalo del derecho de propiedad, así como las cuestiones de vivienda y urbanismo, se alinean, según algunos expertos, con un conjunto de derechos orientados a una mayor justicia social y económica en las ciudades[77].

Seleccionamos una serie de contraargumentos desde los cuales se puede confrontar el uso inadecuado del derecho de propiedad. Uno de ellos está relacionado con la percepción internacional de una demanda creciente, no solo por viviendas, sino especialmente por ciudades.

> Today, 55% of the world's population lives in urban areas, a proportion that is expected to increase to 68% by 2050. Projections show that urbanization, the gradual shift in residence of the human population from rural to urban areas, combined with the overall growth of the world's population could add another 2.5 billion people to urban areas by 2050, with close to 90% of this increase taking place in Asia and Africa, according to a new United Nations data set launched today[78].

En este sentido, la propiedad es fundamental, y el control interno de su uso esencial para pensar los espacios urbanos en un momento en que la demografía mundial exige mayor compromiso por parte de propietarios y del mercado inmobiliario. Esta es una de las advertencias hechas a nivel

---

77 "In the absence of effective urban planning, the consequences of this rapid urbanization will be dramatic. In many places around the world, the effects can already be felt: lack of proper housing and growth of slums, inadequate and outdated infrastructure —be it roads, public transport, water, sanitation, or electricity— escalating poverty and unemployment, safety and crime problems, pollution and health issues, as well as poorly managed natural or man-made disasters and other catastrophes due to the effects of climate change". Véase United Nations (2015a).

78 Véase United Nations (2014). Sobre el rápido crecimiento demográfico y el aumento de la demanda por viviendas en contextos urbanos, véase United Nations (2017, p. 4): "Rapid urbanization inevitably results in increased demand for housing units and had led to unregulated real estate and land speculation, predatory mortgage lending and commodification of housing. The shortage of affordable housing not only contributes to social exclusion, it also threatens to destabilize the wider economy if housing price increases fuel property bubbles, coupled with mortgage crises and deregulated global flows of capital, as was seen in the 2007 mortgage crises in many countries, which had devastating effects on low-income households and households living in poverty".

internacional por expertos desde hace al menos una década. Según el Programa de las Naciones Unidas para los Asentamientos Humanos (2003), el número de viviendas inadecuadas ya ejercía en ese momento una gran presión sobre el bienestar de miles de millones de personas. Las zonas urbanas degradadas o incluso las áreas de pobreza extrema son fenómenos comunes entre ciudades que a menudo pertenecen a países con niveles de desarrollo muy diferentes, como es el caso de Brasil y España.

> The district known as the Ciutat Vella, or old city, in Barcelona was the entire city until the mid 19th-century expansion. The old city had developed very high housing densities and had associated problems of lack of light, air and open space. As the city expanded, the more well-off population moved out. Slum conditions developed in various areas, and continue to the present day in several neighbourhoods, such as the Barri Gòtic, Santa Caterina and the Barceloneta. The highest concentration is found in the neighbourhood known as the Raval, and most specifically the Raval Sud, or Southern Raval. This area was traditionally known as the Barri Xino, or 'Chinatown', and, partly because of its proximity to the port, has been characterized by marginal activities and the highest levels of poverty in the city. It has also traditionally served as the gateway for new immigrants to the city, providing cheap lodging in very poor conditions, in the form of boarding houses, dormitories and subdivided apartments. The buildings in this area vary in age —some are several centuries old— and the existence of slum lodgings in the area can be traced back at least to the mid 19th century.
> [...]
> En São Paulo, los *cortiços* (habitaciones alquiladas en un edificio de viviendas subdividido en el centro de la ciudad) son la forma tradicional de vivienda precaria en el centro de la ciudad. La mayoría de los *cortiços* se encuentran en los distritos centrales de la ciudad, en zonas deterioradas pero cercanas a los puestos de trabajo y servicios, ofreciendo así una compensación que la clase trabajadora busca a pesar de las numerosas inconveniencias. Por otro lado, el crecimiento de las favelas se distribuye tanto en las zonas ricas como en la periferia de las grandes ciudades brasileñas. Su aparición en las décadas de 1970 y 1980 modificó el patrón de asentamiento urbano tradicional de centro-periferia[79].

El derecho a una vivienda asequible y digna ha sido un tema de gran relevancia en los debates de las Naciones Unidas. Durante el sexagésimo séptimo período de sesiones de la Asamblea General, en el año 2012, la reunión de los Estados dio lugar a la Resolución A/67/286. El documento resaltaba los problemas económicos como el desempleo, el endeudamiento de las familias y el alto nivel de los precios de la vivienda como factores clave para comprender el problema de manera estructural: "The discrepancy

---

79 Véase United Nations (2003).

between income levels and soaring housing and rental prices coupled with unemployment led to increased payment default, foreclosures and homelessness. These processes were exacerbated by the adoption of legal and institutional adjustments aimed at facilitating foreclosure, which have been promoted in recent years as 'imperatives for developing a housing finance system'". Asimismo, se constataba el efecto negativo de las inversiones inmobiliarias, las cuales dificultan el acceso al derecho a la vivienda, ya que estos modelos de inversión presuponen altos niveles de endeudamiento.

Por otro lado, los foros internacionales han resaltado el papel de la desregulación de los mercados de la construcción y de las hipotecas, en los cuales los préstamos casi siempre representan condiciones de elevado riesgo: "The paradigm that promoted homeownership as the most secure form of tenure has been proven false, as increasing foreclosure rates have been one of the main results of the recent crises". El caso de España resultó paradigmático al mostrar cómo este modelo pudo producir pobreza, endeudamiento y concentración de renta en muy poco tiempo, cuando la expansión del mercado de la construcción renunció a un plan nacional de vivienda independiente del capital extranjero y privado de los bancos.

> [...] more than 350,000 foreclosures have occurred since 2007 and in 2011, about 212 foreclosures and 159 evictions occurred daily. The crisis has disproportionately affected the poorest and most vulnerable, who were the 'last' to join the mortgage markets and the first to suffer the consequences of the crises owing to their low resilience to economic shocks and low repayment abilities. Recent research indicates that the majority (70 per cent) of defaults in Spain are related to the unemployment crisis and that 35 per cent of the foreclosed properties belong to migrants[80].

En Brasil, el nivel de endeudamiento y la construcción masiva de viviendas bajo el sistema de propiedad han generado otros problemas urbanos:

> Subsidy programmes in South Africa, Mexico and Brazil have also been criticized for replacing widespread informal housing with low-standard and stigmatized housing typologies concentrating low-income families. The result is greater urban and social segregation, an increase in the disparity in access to urban services, a worsening of local living conditions, increased environmental damage and urban security problems. [...][81]

---

80 Véase el § 29 de la Resolution A/67/286, United Nations (2012, p. 10). Raquel Rolnik como Relatora Especial.

81 *Idem*, § 42, p. 14

> Three main housing financing mechanisms (sub-prime mortgage loans, demand-side subsidies and housing microfinance) have been promoted to specifically facilitate the access of lower income households to housing finance, promoting homeownership. These policies have been implemented in the context of a changing role of the State from supplier of affordable housing to enabler of housing and financial markets[82].

Tres mecanismos principales de financiamiento para la vivienda (*subprime mortgage loans*, subsidios de demanda y microfinanciamiento para vivienda) han sido promovidos específicamente para facilitar el acceso de los hogares de bajos ingresos al financiamiento de la vivienda, fomentando la propiedad de la vivienda. Estas políticas se han implementado en el contexto de un cambio en el papel del Estado, que pasa de ser proveedor de vivienda asequible a facilitador de mercados de vivienda y financieros.

En 2016, el *Preparatory Committee for the United Nations Conference, Habitat III, on Housing and Urban Sustainable Development*, presentó directrices relevantes que merecen ser destacadas[83]. Los Estados coincidieron en definir los pilares fundacionales para una distribución equitativa de los recursos espaciales y los planes urbanísticos, orientados a la diversidad social, económica y cultural. El documento A/CONF.226/PC.3/14 define los siguientes pilares:

> • Pilar I: tierra para vivienda y medios de vida, desmercantilización del espacio urbano; bienes comunes urbanos, espacio público y biodiversidad; acceso a servicios básicos e infraestructura y control de la contaminación; habitación en asentamientos informales y no planificados; resiliencia, cambio climático, gestión de desastres y riesgos;
> • Pilar II: gobernanza inclusiva; planificación urbana inclusiva; ciudadanía; fomento de la participación, transparencia y democratización;
> • Pilar III: reconocimiento de actores sociales, incluida la perspectiva de género para migrantes y refugiados; valorización de identidad, prácticas culturales, diversidad y patrimonio; ciudades seguras, medios de vida, bienestar y protección social; riesgos de pobreza y vulnerabilidades en el empleo; economía inclusiva y de solidaridad[84].

Estos tres pilares retoman el debate teórico sobre el uso de la propiedad, el derecho adecuado a la vivienda y las finanzas inmobiliarias en un

---

82 *Idem*, § 63, p. 21. Importante destacar que la Asamblea General de las Naciones Unidas aprobó un segundo informe, de esta vez, elaborado por la Relatora Especial Leilani Farha sobre *Adequate housing as a component of the right to an adequate standard of living*, Resolution A/71/310, véase United Nations (2016b).

83 Véase United Nations (2016b, p. 7).

84 *Idem*, p. 24.

documento intergubernamental. Sin embargo, es en el primer pilar donde encontramos la reflexión sobre cómo un mercado de vivienda altamente mercantilizado afecta la función social del suelo y de la vivienda:

> Housing policy is largely concerned with numbers of units built, and mortgage finance rather than with housing and residential inequalities. Home ownership has been supported as the principal tenure through policies and private sector supply, to the exclusion of the urban poor. Rental housing must be a policy priority and recognize the value of popular investment in urban housing (e.g. in informal and unplanned settlements). A critical problem has been the marketization of urban space disregarding the social function of land and housing. There is thus an urgent need to: challenge land speculation linked to gentrification and economic growth, accommodate housing needs through diverse housing tenure choices, and ensure a continuum of affordable and adequate housing (including socially produced and community-led housing)[85].

El documento parece proponer no tanto el control normativo y legal de las formas de especulación derivadas del derecho de propiedad, sino más bien la expansión de los controles internos, es decir, el aumento de la responsabilidad de los propietarios sobre el uso de su derecho. Como se mencionó anteriormente, la dimensión económica impone ciertas dinámicas para las ciudades, ya que la planificación urbana suele estar dominada por las necesidades del mercado, que no siempre reflejan las realidades de quienes trabajan y producen en ella[86]. Con esto en mente, el Comité Preparatorio de Hábitat III enfatizó que los gobiernos deberían promover principios que armonicen la ciudad como un derecho, respetando los derechos humanos y la función social de la propiedad:

> The right to the city values the social function of land understood as the use and enjoyment of land by inhabitants to perform all the activities which are necessary to have a full and decent life, thereby prioritizing the human experience of land and habitation. It recognizes a legal form to protect the right of access to adequate housing, which, together with a reformed property rights system, aims to act as a legal barrier against forced evictions[87].

---

85 *Idem*, p. 29.

86 Las ideas de Henri Lefebvre sobre la transformación espacial y la revolución urbana tienen diferentes puntos de interlocución. Uno de ellos es el concepto de ciudad global. Véase Sassen (2005).

87 Véase United Nations (2016c, p. 33). El derecho a la ciudad para el comité preparatorio de las Naciones Unidas durante la conferencia sobre vivienda y desarrollo urbano sostenible se define con la siguiente ecuación: “Right to the city = spatially just resource distribution + political agency + social, economic and cultural diversity”. Tal como preveía Henri Lefebvre en sus reflexiones, la definición del

Otra acción clave dentro del primer pilar para asegurar el derecho a la ciudad y a una vivienda adecuada es el reconocimiento de los derechos asociados a la propiedad. De ahí la necesidad de control sobre la propiedad y ocupación del suelo en las políticas de uso de la tierra y en los marcos legislativos para evitar desalojos. Como se ha sugerido antes, el uso de la propiedad debe estar vinculado a la captación de valor para el bien común: "To use urban planning mechanisms to capture increases in land value, redistribute this towards social housing and public space provision, and minimize vacant property rates '[88]. Además, la Resolución A/RES/71/256, en su punto 165, que aprueba la Nueva Agenda Urbana (NAU), respalda una visión global sobre la importancia de la "sustainable urbanization and human settlements, in collaboration with other United Nations system entities, recognizing the linkages between sustainable urbanization, and, inter alia, sustainable development, disaster risk reduction and climate change ". En este sentido, la coordinación que se espera de los Estados es trasladar la discusión de lo global a lo local para cumplir con el Objetivo 11 de la NAU sobre ciudades y comunidades sostenibles:

> The New Urban Agenda reaffirms our global commitment to sustainable urban development as a critical step for realizing sustainable development in an integrated and coordinated manner at the global, regional, national, subnational and local levels, with the participation of all relevant actors. The implementation of the New Urban Agenda contributes to the implementation and localization of the 2030 Agenda for Sustainable Development in an integrated manner, and to the achievement of the Sustainable Development Goals and targets, including Goal 11 of making cities and human settlements inclusive, safe, resilient and sustainable[89].

Una serie de derechos humanos y sociales están vinculados al concepto del derecho de propiedad y su uso. Sin embargo, poco se ha escuchado sobre la relación entre propiedad, vivienda y urbanización. Estas correlaciones son centrales en el proceso de desarrollo de las ciudades, pero, sobre todo, para el desarrollo humano. Como visión común compartida, en el punto 11 del documento, se dice:

> We share a vision of cities for all, referring to the equal use and enjoyment of cities and human settlements, seeking to promote inclusivity and ensure

---

derecho a la ciudad corre siempre el riesgo de ser un acto de Estado o de sus representantes, pues sobre ella aún actúan la soberanía, el poder y la violencia institucional. *Idem*, p. 27.

88 *Idem*, pp. 16-17.

89 Véase § 9, p. 3, Naciones Unidas (2016).

> that all inhabitants, of present and future generations, without discrimination of any kind, are able to inhabit and produce just, safe, healthy, accessible, affordable, resilient and sustainable cities and human settlements to foster prosperity and quality of life for all. We note the efforts of some national and local governments to enshrine this vision, referred to as "right to the city", in their legislation, political declarations and charters[90].

Dicha percepción puede complementar la *ratio decidendi* de la cual habláramos anteriormente y lograr un avance sobre los referentes de los controles internos de los que hasta ahora los juzgados y tribunales disponen. La letra "b" del punto 13 de la NAU, por ejemplo, corrobora la participación ciudadana para fortalecer el paraguas de derechos que incluye tanto el derecho de propiedad cuyo uso no es anómalo, y el derecho a la vivienda como el derecho a una vida digna. Una agenda que apuesta también en los roles desempeñados por las comunidades, los barrios y las personas en los espacios públicos de las ciudades donde se encuentran los asentamientos humanos:

> [...] Are participatory, promote civic engagement, engender a sense of belonging and ownership among all their inhabitants, prioritize safe, inclusive, accessible, green and quality public spaces that are friendly for families, enhance social and intergenerational interactions, cultural expressions and political participation, as appropriate, and foster social cohesion, inclusion and safety in peaceful and pluralistic societies, where the needs of all inhabitants are met, recognizing the specific needs of those in vulnerable situations [...][91].

Desde una perspectiva internacional, los conceptos relacionados con el derecho a la vivienda, tanto para el Brasil como para España, se definen inicialmente con las Observaciones generales núm. 4 de 1991, sobre una vivienda adecuada, y la núm. 7 de 1997, sobre los desalojos forzosos. Estos dos documentos fueron elaborados por el CESCR bajo los auspicios del § 1 del art. 11 del Pacto Internacional de Derechos Económicos, Sociales y Culturales (1966), relativo a una vivienda adecuada[92]. También destacan los esfuerzos realizados por las Naciones Unidas para armonizar las obligaciones de los Estados con el derecho internacional en las cuestiones relacionadas con los derechos humanos. En ese momento, el derecho a la vivienda ya había sido pensado como un instrumento legal para cuestionar el capital especulativo en el contexto de la ciudad, poniendo en riesgo

---

90 *Idem*, § 11, p. 3

91 *Idem*, § 13 (b), p. 4

92 Véase United Nations (1991a).

vidas humanas en desalojos forzados de familias e individuos[93]. El tema adquirió enorme complejidad justo después de los años que sucedieron a la crisis inmobiliaria de 2008[94].

La *European Charter for the Safeguarding of Human Rights in the City* (ECSHRs), aprobada en Sant Denis, reconoce la importancia de principios de solidaridad, humanidad y derechos. Hace también un llamado a las fuerzas y poderes locales representativos para un mayor compromiso de los Estados en evitar modelos desiguales de desarrollo en los espacios urbanos. El art. 1.1 del documento elaborado en Saint Denis hizo un gran progreso en lo que respecta al tema de los derechos fundamentales y humanos e incluso propone una definición de lo que es la ciudad. Es más, corrobora el texto las posibilidades innovadoras para el proceso de toma de decisiones, los valores colectivos y las cuestiones ambientales. Por otra parte, los derechos en el contexto de la ciudad se entienden para quienes viven en ella, no restringidos a la ciudadanía o residencia legal para los extranjeros: "The city is a collective space belonging to all who live in it. These have the right to conditions which allow their own political, social and ecological development but at the same time accepting a commitment to solidarity".

Teniendo en cuenta la necesidad de medidas efectivas como herramientas institucionales para los cambios de máxima urgencia, el art. 1.2. relaciona la idea de ciudad en cuanto a un espacio colectivo con el papel de las administraciones públicas locales: "The municipal authorities encourage, by all available means, respect for the dignity of all and quality of life of the inhabitants". El contenido de una causa legítima sobre el derecho a la ciudad no se restringe, por lo tanto, a un aparato jurídico y administrativo de control externo, ni siquiera se basa en el ámbito restrictivo de la acción parlamentaria. Se trata más bien de expandir los controles internos del uso de la propiedad, del suelo y de la ciudad como compromiso colectivo. En este sentido, los municipios juegan un papel importante en la composición de una agenda más transversal, con más valores y menos amenaza de control externo, por ejemplo, sanciones y expropiación forzosa, cuya finalidad es la construcción de significados plurales de ciudadanía. Además, numerosos gobiernos municipales han sido propensos a crear una red de derechos conexos que garanticen una mínima protección e integración social, política y cultural[95]. Así, el marco vanguardista de la ECSHRs se refiere

---

93 Véase United Nations. (1991b).

94 Véase United Nations. (2009).

95 Véase Sánchez-Cruzat (2014) y Escobar Roca (2012).

al concepto de vivienda para la protección de la vida privada y familiar, tal como se encuentra plasmado en su art. 10.2:

> The municipal authorities protect the family unit from its foundation, without interference in its internal running. The authorities particularly provide assistance in housing issues. Low income families receive financial support, and structures and services are put into place to help children and old people.

El objetivo de este debate hasta ahora es expandir la noción de control interno actuante sobre el uso del derecho de propiedad en lugar de sobrecargar a administraciones públicas, juzgados o tribunales solucionando controversias e irregularidades por intermedio de la aplicación de controles. Como comentado en la primera parte del presente capítulo, las ideas de Henri Lefebvre, aunque muy distantes de una realidad factible, la revolución urbana de los que trabajan y producen, tienen un punto en común con el debate internacional del derecho a la vivienda y el derecho a la ciudad. Es necesario expandir el control interno del derecho de propiedad y mantener su control externo en la medida necesaria. Esa ecuación nos ahorrará recursos y mitigará la violencia del Estado[96].

3. LOS CONTROLES EXTERNOS Y LA BUENA ADMINISTRACIÓN

3.1. Las administraciones públicas y los grupos de presión

La brutal acumulación de riqueza instrumentalizada por bancos, desarrolladores de viviendas y grandes tenedores inmobiliarios a través del derecho de propiedad exige del poder legislador, de las administraciones públicas y del poder judicial una actuación efectiva para la limitación, control y sanción de los abusos. Sin embargo, no es fácil definir el equilibrio necesario y la medida adecuada para que los poderes públicos puedan actuar efectivamente en la defensa de los derechos, proteger a los ciudadanos y respetarlos. En este sentido, el Consejo de Europa (CdE) publicó una recomendación en que se propone: "a proper balance between any adverse effects which its decision may have on the rights, liberties or interests of

---

96 Parece exagerado hablar en violencia del Estado, pero un propietario de un solo bien que tiene su posesión expropiada seguramente siente esta mano de hierro que le pesa sobre los hombros. El sentimiento de injusticia e impotencia ante el control externo sobre su derecho. Igualmente, una persona desahuciada por un banco que no entiende el motivo o la *ratio decidendi* de quien ordena su salida de una vivienda que al final se quedará vacía.

persons and the purpose which it pursues"[97]. El CdE también entiende que las administraciones públicas deben liderar la protección de los derechos, libertades e intereses en sus actos administrativos de acuerdo con la Recomendación R(87)16, Ámbito de Aplicación y Definiciones, letra "c", haciendo protagonistas los intereses colectivos: "[...] a large number of persons who, according to national law, have the right to claim a specific collective interest that is liable to be affected by the administrative act [...]"[98]. Aquí cabe introducir un tema de gran importancia para el Comité de Ministros del CdE, que fue el código de la buena administración. En la Recomendación CM/Rec(2007)7, por ejemplo, los Estados reconocen a través de sus representantes legítimos que los particulares tienen derecho a ser incluidos en determinadas decisiones no reglamentarias. En el art. 15.1 se afirma que:

> If a public authority proposes to take a non-regulatory decision that may affect an indeterminate number of people, it shall set out procedures allowing for their participation in the decision-making process, such as written observations, hearings, representation in an advisory body of the competent authority, consultations and public enquiries[99].

Nos detengamos por un momento en el art. 8 de la misma recomendación sobre la buena administración, el principio de participación y derechos fundamentales que expande el derecho de los posibles afectados por una decisión administrativa a un trámite de audiencia adecuado: "Unless action needs to be taken urgently, public authorities shall provide private persons with the opportunity through appropriate means to participate in the preparation and implementation of administrative decisions which affect their rights or interests". Este es un claro ejemplo del esfuerzo que los Estados deben poner en práctica para que las decisiones administrativas aparten la arbitrariedad de sus potestades.

Si el proceso de toma de decisiones no responde al interés general y a la participación social, los grupos de interés en el desarrollo de la ciudad vinculados a la especulación inmobiliaria se aprovechan del sistema legal para lograr sus beneficios en detrimento del interés general. Para nosotros, la transparencia es un principio legítimo en que las administraciones públicas pueden basar el poder decisorio, la obligatoriedad de la toma de decisiones y la responsabilidad para hacer efectivo los derechos de la mayoría.

---

97 Council of Europe (1980).

98 Council of Europe (1987).

99 Council of Europe (2007).

Además, genera la posibilidad de participación de los ciudadanos cuando haya que decidir sobre los recursos públicos, la planificación urbana y una actuación administrativa armonizada con los controles internos. Es decir, un uso diligente de un código en favor de la buena administración aumenta la contribución de los propietarios residentes hacia la función social de la propiedad y disminuye el uso anómalo de la propiedad que es característico de los grandes tenedores. Por otro lado, la inversión pública destinada a la infraestructura urbana y la adjudicación de contratos ganan en calidad, transparencia y efectividad, pues suelen lograr sus objetivos con mayor participación.

Los grupos de presión representantes de la especulación inmobiliaria de hecho ya participan de las decisiones administrativas a través de la actividad de lobby. Sin embargo, en realidad se trata de un juego asimétrico en el que los grupos adinerados comprimen el interés general favoreciéndose de las redes clientelares que se van formando a lo largo de sus solicitudes de licencias y permisos[100]. Desde el punto de vista legal, parece lícito acercarse a las administraciones públicas desde que los lobbies estén regulados, pero el efecto práctico es de inevitable injerencia del interés privado en interés general, ya que las administraciones públicas también dependen de las inversiones privadas y especialmente las de gran volumen para no dejar sus caudales minguar[101].

Es una curiosa la absolución que las administraciones públicas suelen permitir cuando entienden que los lobbies son un hecho aparentemente inamovible de la realidad económica de las ciudades, mientras que, desde una perspectiva moral y ciudadana, democrática y transparente, sea condenable que el intento de influencia o la propia interferencia egoísta capture el interés general. Así, la defensa de una expansión del control interno, tal como vimos de forma más sólida en el ámbito internacional, a partir de las diferentes agendas de los Estados e iniciativas de gobiernos locales en la ECSHRs, debe estar combinada con una apertura de las administraciones públicas durante el proceso de toma de decisión. Para esto, hay que disponer del principio de la buena administración.

Cuando la demanda por más transparencia es difusa y desorganizada poco o casi nada se logra en materia de transformación urbana con más de-

---

100 Tenemos en mente la gran influencia del poder económico en las legislaturas y en el funcionamiento de las administraciones públicas tal como expone Kuhner (2007).

101 Véase Murphy & Nagel (2005).

rechos y oportunidades a las personas socioeconómicamente vulnerables. Como solo unos pocos grupos, en su mayoría los que detienen grandes cantidades de capital e inversiones en contexto urbano, tienen sus demandas legalmente bien representadas, no encuentran dificultades para hacer lo que quieren de sus bienes, incluso el uso anómalo del derecho de propiedad. Por otro lado, aquellas demandas de la sociedad civil, muchas veces más justas pero desorganizadas, sufren los estigmas y las pérdidas reales en mayor medida que los grupos adinerados. No estamos hablando apenas de las demandas por más viviendas. Podemos mirar el caso de la segregación espacial, la formación de guetos y las brechas educativas. Temas también correlacionados con la vivienda, el acceso a servicios dignos y accesibles que consecuentemente determinan la calidad del derecho a la ciudad[102].

3.2. El control externo, el endeudamiento y un paso atrás

El caso de Cataluña es emblemático cuando hablamos del control externo, la exclusión socioeconómica y el retroceso de las políticas públicas en materia de vivienda. Eso es debido a que el control de los abusos en cuanto al uso del derecho de propiedad tiene como finalidad el aumento de la oferta de viviendas en arrendamientos de carácter residencial. En este punto, es importante señalar que la labor del defensor del pueblo, Síndic de Greuges de Cataluña, ha sido indispensable para traer a la luz la urgencia de mayor control por parte de las administraciones públicas en cuanto al uso anómalo del derecho de propiedad, pero, por otro lado, no propone de qué manera los poderes públicos deberían actuar en un proyecto coordinado y dotado presupuestariamente para hacer frente a la creciente demanda por viviendas[103]. Este es el paso atrás al que nos referimos, en un momento en que el conjunto de la sociedad espera propuestas de ideas efectivas y no la mera constatación de lo que ya es evidente. En este sentido, el Síndic de Greuges tiene competencia para elaborar recomendaciones y advertencias a través de resoluciones. Además, puede indi-

---

[102] Véase Saüc (2000) y Frúgoli (2005).

[103] Recordamos el Fundamento Jurídico 2 del Auto 203/1985, de 20 de marzo de 1985, Recurso de Amparo 479/1984 en que el TCE declaró que los problemas humanos derivados de un desahucio consecuencia del desempleo debían ser resueltos por los poderes públicos: "Cuestión distinta sobre la que no procede que se pronuncie este Tribunal Constitucional, por no ser de su competencia, el que se busquen por los Poderes Públicos soluciones a los problemas humanos que plantean los desahucios por cese de la relación laboral".

car a las administraciones cómo corregir una situación irregular o incluso proponer cambios o modificaciones legales en aquellas normas en las que se observe una vulneración de los derechos de las personas.

Entre las muchas responsabilidades y obligaciones del defensor, está su deber de velar por el correcto ejercicio de la administración pública basado en la transparencia, el acceso a la información para la ciudadanía y políticas inclusivas para el buen gobierno. Cuestiones relacionadas con los derechos individuales, las libertades y la protección de las minorías están también bajo la competencia del defensor. Por lo tanto, el representante electo actúa como supervisor y colaborador de las administraciones públicas, respaldando los derechos de las personas y el interés general, sea a nivel local, regional o estatal. Es un organismo muy importante incluso porque trabaja con evidencias empíricas a través de su sistema de quejas y colecta de datos.

Ahora bien, en 2012, el Síndic de Greuges de Cataluña elaboró una memoria en que, entre los temas del documento, estaba presente el de la vivienda:

> Uno de los efectos de la crisis económica generados por la crisis del sector financiero ha sido el incremento de problemas en torno a la vivienda. Por una parte, están las familias que han perdido su vivienda por no poder hacer frente a los pagos de los créditos y de los préstamos hipotecarios que contrataron con entidades bancarias; por otra parte, se evidencia la necesidad de que exista un mayor número de viviendas sociales bajo el régimen de alquiler y la necesaria reflexión sobre otras alternativas de vivienda social[104].

La memoria publicada por el Síndic de Greuges corrobora las estadísticas sobre el aumento de los precios de los alquileres[105]. Algo que ya en 2016, la alcaldesa de Barcelona mencionaba como uno de los desafíos a afrontar, pues, según ella, el gobierno local podía y debería poner en marcha un plan de construcción de viviendas jamás visto en la historia de la ciudad. Ada Colau también apoyó la idea de reindustrializar estas zonas con programas específicos para hacer efectivo el derecho a tener un hogar y a trabajar cerca de donde se vive[106]. De hecho, el gobierno Colau duplicó

---

[104] Véase la página 30 de Síndic de Greuges *(2012)*.

[105] Los datos sobre el precio de los alquileres son extraídos del Índice de Precios de la Vivienda en Alquiler, véase INE (2024).

[106] "'Los territorios alrededor del río Besòs y Ripoll son el principal eje de concentración de personas en riesgo de exclusión social, por eso ha sido conocido como el eje de la pobreza, y yo añadiría que el eje de la vergüenza', ha dicho la alcaldesa

en el primer año de mandato el número de viviendas de obras nuevas en la ciudad de Barcelona. Esta tendencia se mantuvo constante durante sus ocho años como alcaldesa de la ciudad[107].

También es necesario exponer, proponer y politizar el derecho a la ciudad como un elemento clave para favorecer la "demand [that] comes from those directly in want, directly oppressed, those for whom even their most immediate needs are not fulfilled: the homeless, the hungry, the imprisoned, the persecuted on gender, religious and radical grounds"[108]. En relación con las cuestiones urbanas materiales, el pensamiento político filosófico puede promover una conciencia más crítica sobre los problemas de la ciudad y revelar cuán marginada está la clase trabajadora en materia de vivienda. Al mismo tiempo, los problemas de la ciudad son capaces de hacer más sensibles a los trabajadores más cualificados y menos marginados sobre los problemas de vivienda y cómo el pequeño comercio, los artesanos y los empresarios se vieron afectados por la crisis del mercado inmobiliario después de 2008.

¿Pero qué falta a ciudades como Barcelona en España y São Paulo en Brasil para que despeguen modelos efectivos de construcción de viviendas hacia aquellos que más necesitan de un hogar? Es cierto que ambas ciudades son ricas, internacionales, con mano de obra abundante, atractivas y llenas de oportunidades de negocios. Ya hemos visto anteriormente que el uso del derecho de propiedad cuenta con una *ratio decidendi* garantizadora en los tribunales constitucionales y que, por lo tanto, no hay razón para justificar la insuficiente construcción de nuevas viviendas por ser el ordenamiento jurídico e institucional de ambos países enemigos de los propietarios. Nos resta evaluar así otro obstáculo, es decir, la capacidad de inversión de las ciudades y su perfil innovador. No obstante, estas dos variables están intrínsecamente conectadas con el nivel de deuda pública de las administraciones locales.

De acuerdo con los informes de algunas agencias especializadas en inversión y oportunidad de negocios, la ciudad de Barcelona posee una clasificación que varía de A a Baa1, respectivamente, estable y positiva. Eso no quiere decir que las cuentas públicas y el nivel de endeudamiento barce-

---

[...] Ha asegurado que es el eje para la reindustrialización que ve necesaria para la ciudad de Barcelona". Véase França, J. (2016).

107 Véase Ayuntamiento de Barcelona. (2024).

108 Véase Marcuse (2012). En cuanto a la relación entre urbanismo, política urbanística y desarrollo, Purcell (2002).

lonés presenten riesgo y morosidad, pero esta no es necesariamente una buena noticia. Lo que se mide con estas calificaciones es la relación entre endeudamiento y nivel de inversión, o sea, cuanto mayor la deuda, menor el espacio presupuestario para nuevas inversiones en infraestructura, tecnologías, servicios y, consecuentemente, viviendas[109]. El caso de la ciudad de São Paulo es parecido. De acuerdo con la Fitch Ratings, su nivel de deuda pública ha variado entre BB y AAA[110]. ¿Qué significa eso? El mismo riesgo crediticio y el comprometimiento de las cuentas públicas que vemos en el caso de la ciudad de Barcelona, pero aquí un agravante. Vale más la pena especular con la deuda pública que invertir en la ciudad. Esta relación deuda y bajo nivel de inversión en infraestructura es otro paso atrás que impide el desarrollo de políticas públicas y, sobre todo, una estrategia de largo plazo en materia de viviendas[111].

3.3. El control externo, las ciudades y la buena administración

La Ley de Urbanismo 16.050/2014 de São Paulo es una norma que ha avanzado en los principios de transparencia y participación. Es un texto legal con una amplia gama de materias como el medio ambiente, el urbanismo y la vivienda. En su art. 309, sobre las acciones estratégicas y la democratización de la gestión de las políticas sociales, su apartado II afirma sobre la implementación de una gestión transparente y participativa referente al Fondo Municipal de Asistencia Social —FMAS, al Fondo Municipal de Defensa de la Niñez y la Adolescencia— FUMCAD y al Fondo Municipal del Adulto Mayor, cuyo objetivo es crear y mejorar los mecanismos de captación de recursos públicos o privados. Por otro lado, los arts. 318 y 319 garantizan:

> Art. 318. La gestión democrática de la ciudad, [como] derecho de la sociedad [...] imprescindible para el cumplimiento de sus funciones sociales, se realizará mediante un proceso permanente, descentralizado y participativo de planificación, control y evaluación, y será la base para la elaboración, revisión,

---

109 Las agencias consultadas son S&P Global, Fitch, Moody's Investor Service y EthiFinance Ratings. Véase en Ayuntamiento de Barcelona (2024).

110 Véase Fitch Ratings (2024).

111 Encontramos en Varsovia una gran preocupación del gobierno local en este sentido. El crecimiento urbano dependiente del capital extranjero genera la impresión de desarrollo material cuando en la realidad lo que se está produciendo es la dependencia de un capital que es inestable, especulador e internacional o sea sin raíces nacionales. Véase Migliari (2016).

> mejora, implementación y seguimiento del Plan Director Estratégico y de los planes, programas y proyectos sectoriales, regionales, locales y específicos.
> Art. 319. El Sistema de Planificación Urbana Municipal será implementado por los órganos del Ayuntamiento, asegurando la participación directa de la población en todas las fases de la planificación y gestión democrática de la ciudad y garantizando los órganos e instrumentos necesarios para efectuar la participación de la sociedad en la toma de decisiones. decisiones, control y evaluación de la política, que comprende:
> I – organismos públicos;
> II – sistema de información municipal;
> III – instancias e instrumentos de participación social.

Los mecanismos de transparencia y participación que ponen en práctica la Ley de Urbanismo 16.050/2014 confieren a la ciudad de São Paulo el protagonismo de la buena administración. Vemos en ella también los principios de la buena regulación como la eficiencia en la aplicabilidad de los recursos, la efectividad de la planificación urbanística y el control de la actuación administrativa, necesidad, proporcionalidad y seguridad jurídica. Cabe destacar que, ante la realidad social y económica de la ciudad de São Paulo, la concentración de renta y la pobreza generalizada de la clase trabajadora menos calificada, estamos más ante una ley que hace una declaración de intenciones que un cambio normativo en vías de superación efectiva de los problemas de la municipalidad. Sin embargo, fue el inicio de una gestión transparente y participativa, considerando que el pleno en el momento de la aprobación de la ley municipal no era de los más progresistas.

El caso de Barcelona también nos llama la atención cuando se trata del uso de los principios de la transparencia y de la participación ciudadana en las tomas de decisiones y consultas que la ciudadanía está habilitada a hacer según la norma. El art. 1.2 de las Normas de Participación en el Ayuntamiento de la Asamblea de Barcelona *de 2022* afirma que:

> Los instrumentos y los canales de participación regulados en este reglamento se someten a los principios de transparencia, publicidad, claridad, acceso a la información, neutralidad institucional, primacía del interés común, diversidad, debate público, igualdad y no discriminación, inclusión, eficiencia, accesibilidad universal, protección de los datos de carácter personal y rendición de cuentas.

En su art. 3.1 se destaca el derecho de la ciudadanía a recibir información y a intervenir, sea de forma directa o indirecta, en los procesos de toma de decisiones políticas. Pasos importantes para el ejercicio y la efectividad de la buena administración. Eso quiere decir que, incluso en materia de vivienda y control de los abusos del sistema de propiedad, no desde la perspectiva normativa, pero más bien de la concienciación ciudadana sobre el uso no anómalo de tal derecho, en conformidad con lo que expusimos desde un punto de vista internacional, los que quieran participar del debate público, respectando los canales apropiados, lo harán en cumplimiento de lo que establece la propia norma.

> La ciudadanía tiene el derecho a recibir información y a intervenir —directamente o mediante asociaciones ciudadanas— en los procesos de toma de decisiones políticas y en el funcionamiento de los servicios públicos, a través de los medios y los canales de participación con los requisitos y la forma determinados en este reglamento, respecto a materias de interés que afecten a la ciudad y a los ciudadanos y ciudadanas.

Es más, el Ayuntamiento de Barcelona tiene la obligación de rendir cuentas de lo que ha sido consultado, debatido o de cómo se ha decidido. Este es otro aspecto que fortalece el principio de la buena administración y del buen gobierno. El art. 4, "d", sobre devolución y retorno, la "Información con respecto a los resultados, las consecuencias o el impacto que ha tenido una determinada actuación que previamente se había anunciado", es decir, "Se trata de una variante concreta de la rendición de cuentas, entendida como la devolución o el retorno a las personas interesadas (las que han participado en el proceso, especialmente) de los resultados concretos de una determinada actuación".

El art. 107.1, sobre la gestión cívica de equipamientos y servicios municipales, explicita que las entidades, fundaciones, organizaciones y las asociaciones ciudadanas sin ánimo de lucro: "pueden ejercer competencias municipales, o participar en nombre de la Asamblea en la gestión de servicios o equipamientos cuyo titular corresponda a otras administraciones públicas". Este es un avance significativo en cuestiones de gestión y políticas públicas, especialmente, si actúan estos actores en temas relacionados con el derecho a vivienda y a la ciudad. En cuanto a las audiencias públicas y a su funcionamiento, en los arts. 68 y 69, respectivamente, vemos que sí se ha previsto un mayor protagonismo de la ciudadanía en las Normas de Participación en el Ayuntamiento de la Asamblea de Barcelona.

4. LOS DERECHOS, LA BUENA ADMINISTRACIÓN Y LOS CONTROLES

4.1. Europa, España y el derecho europeo

En 2001, se puso en marcha una iniciativa desde la UE para hacer frente a prácticas no íntegras y a la opacidad en las administraciones públicas de los países miembros de la UE con el *Libro Blanco sobre la gobernanza europea.* La demanda tanto del tercer sector como de la ciudadanía señalaba la necesidad urgente de prácticas transparentes y participativas por parte de la sociedad civil en las administraciones públicas. A lo largo del documento, se busca fomentar las audiencias públicas y la rendición de cuentas en el sector público con el objetivo de disminuir y combatir la corrupción. Algunos años más tarde de la publicación de este libro blanco, llegamos a la Recomendación CM/Rec(2007)7, de esta vez materializada por el CdE, en que el tema de la buena administración aparece en cuanto a un principio y herramienta para ofrecer más transparencia en la actuación administrativa. Así, en relación con los arts. 8 y 10, respectivamente, sobre participación de la ciudadanía en las decisiones públicas y procedimientos más transparentes, España y los demás países europeos han ratificado su compromiso en hacer de la buena administración una realidad[112].

Otro documento importante sobre la buena administración para una mayor transparencia es la Carta de Derechos Fundamentales de la Unión Europea (CDFUE). Se trata de un instrumento legal que abre las puertas para una labor más abierta por parte de las administraciones públicas. El art. 41.1 menciona concretamente el derecho a la imparcialidad y equidad dentro de un plazo razonable. Las letras "a", "b" y "c" del mismo art. 41 defienden que toda persona tiene derecho a ser oída, a tener acceso a los expedientes personales y a exigir las razones de las respuestas públicas o de que las decisiones que le afecten sean motivadas. Por otro lado, el art. 42 refuerza la idea del derecho de las personas a acceder a los documentos en que sean ellas parte y que se encuentran en poder de las administraciones públicas.

Si navegamos por otras disposiciones del derecho europeo, como el Tratado de Funcionamiento de la Unión Europea (TFUE), en su art. 6, letra "g", se menciona la necesidad de cooperación administrativa. El art. 15.1 afirma que "Con el fin de promover la buena gobernanza y garantizar la participación de la sociedad civil, las instituciones, órganos y organismos de la Unión llevarán a cabo su trabajo de la manera más abierta posible". El principio de la buena gobernanza sin duda se conecta al de la buena admi-

---

112 Véase Ponce Solé (2011). La jurisprudencia del TJUE sobre la violación del deber de diligencia de un ombudsman europeo puede ser vista en el caso *European Ombudsman v. Claire Staelen*, C-337/15 P. Para una visión sobre el derecho a la vivienda desde el sistema de las Naciones Unidas, el Consejo de Europa y la Unión Europea, léase Kenna (2006).

nistración por afirmar la necesidad de mayor apertura del sector público en su relación con la ciudadanía y con el sector privado. El mismo art., en su apartado 3, afirma que: "Todo ciudadano de la Unión, así como toda persona física o jurídica que resida o tenga su domicilio social en un Estado miembro, tendrá derecho a acceder a los documentos de las instituciones, órganos y organismos de la Unión, cualquiera que sea su soporte, con sujeción a los principios y condiciones que se definirán de conformidad con el presente apartado".

El art. 74 del TFUE menciona la necesidad de una cooperación administrativa en materia de libertad, seguridad y justicia entre los estados miembros de la UE. Una vez más, la ciudadanía está en el centro de lo que definimos como una práctica transparente multinivel y tienen derecho a exigir el acceso a expedientes públicos de interés general. La letra "b" del art. 63, en este punto vemos el ápice de la conexión que estamos intentando demostrar entre el derecho de propiedad y los abusos cometidos en su uso anómalo, particularmente, en aquellas inversiones financieras y especulativas que afectan el derecho a la vivienda y el derecho a la ciudad, destaca:

> adoptar las medidas necesarias para impedir las infracciones a su Derecho y normativas nacionales, en particular en materia fiscal y de supervisión prudencial de entidades financieras, establecer procedimientos de declaración de movimientos de capitales a efectos de información administrativa o estadística o tomar medidas justificadas por razones de orden público o de seguridad pública[113].

Tal como vimos después de la crisis de 2008, originada por el sector financiero hipotecario sin base productiva suficiente que abarcara el desarrollo del mercado de la construcción en España, es imprescindible que el control de los abusos relacionados con el derecho de propiedad no siga siendo apenas *ex post*, de carácter sancionador y con una inmensa carga material para todo el conjunto de la sociedad[114]. La transparencia, la participación y la rendición de cuentas son algunos de los principios de que la buena adminis-

---

113 Véase TFUE (2007).

114 Nos referimos al Fondo de Reestructuración Ordenada Bancaria (FROB), creado por el Real Decreto-Ley 9/2009, de 26 de junio, para la reestructuración bancaria y el refuerzo de los recursos propios de las entidades españolas de crédito. El FROB, con el dinero del tesoro, ofrece ayudas financieras a los bancos y recupera, a depender de las ganancias bancarias, lo que se ha transferido a las entidades bancarias. El monto es astronómico y ya ha pasado de 54 mil millones de euros entre 2009 y 2022. Véase FROB (2024).

tración dispone para ejercer un control externo efectivo, eficiente y proporcional y fomentar a la vez la expansión del control interno[115].

4.2. Mercosur, Brasil y el derecho latinoamericano

El ordenamiento jurídico regional latinoamericano empezó a ganar sus contornos durante la década de 1990[116]. Aunque el concepto de buena administración no sea explícito, como en el ámbito europeo, hay ciertas disposiciones legales que merecen alguna atención. En ese sentido, el esfuerzo por armonizar la legislación regional con base en cláusulas democráticas está previsto por el Tratado de Asunción de 1991 en su art. 1. Más tarde, en el Protocolo de Ouro Preto de 1994, en sus art. 28, 29 y 30, avanzan las materias de participación y de toma de decisiones transparentes con la previsión de los foros representativos de la sociedad civil. Al tratarse de procedimientos no vinculantes, volvieron a ser tema de debate en los encuentros que antecedieron el Protocolo de Ushuaia (1998). En su art. 1 y otras disposiciones. En el año de 2005, ya en el contexto del Protocolo Constitutivo del Parlamento del Mercosur (PCPM), el § 4 del art. 2 afirma la responsabilidad de los estados en garantizar el derecho a la participación y a la representación civil en el mercado sudamericano. En el punto 5 de la misma disposición, los valores relacionados con la ciudadanía y la conciencia colectiva forman parte de aquellos principios para construir un puente entre la sociedad civil y los gobiernos.

---

115 La noción de transparencia, participación y proceso de toma de decisión en el *Libro blanco sobre la gobernanza europea* se basa en dos criterios importantes, es decir, tanto en la consulta de la ciudadanía cuanto en la evaluación de experiencias pasadas: "Such consultation helps the Commission and the other Institutions to arbitrate between competing claims and priorities and assists in developing a longer term policy perspective. Participation is not about institutionalising protest. It is about more effective policy shaping based on early consultation and past experience". Véase Comisión Europea (2001). Ante la demanda social por un uso residencial del derecho de propiedad, la actuación de los bancos debe ser más proactiva y acercar el control interno del derecho de propiedad a los controles externos. Esto, debido a que la ayuda pública para la recuperación bancaria tras la crisis de 2008 tuvo como epicentro el sistema de propiedad.

116 El art. 4 de la CB, en su primer párrafo, afirma que la sociedad brasileña asume como valor la integración latinoamericana y corrobora la idea de vínculos sólidos entre los sudamericanos. Esto implica que los principios de transparencia, participación y rendición de cuentas estén presentes en el ordenamiento jurídico de la región.

Más precisamente, el art. 3.2 se refiere al principio de transparencia como un derecho fundamental de acceso a la información y al proceso de toma de decisiones. Además, la confianza y la participación ciudadana son dos directrices importantes para reforzar las prácticas de transparencia entre los estados miembros. De acuerdo con el art. 4.9 del PCPM, el Parlamento del Mercosur está encargado de organizar las reuniones públicas cuya obligación se base en el interés general. Con la intención de evitar conflictos entre competencias públicas, el art. 4.14 afirma que el Parlamento debe ocuparse también con la armonización del diseño jurídico nacional y regional para el cumplimiento de las tareas parlamentarias. Este aspecto es similar al concepto europeo de buena administración que denominamos anteriormente de multinivel, pues busca evitar modelos institucionales jerárquicos conflictivos sobre lo que puede significar la transparencia, distintos grados de participación y administraciones públicas demasiadamente verticalizadas.

Ante esta realidad de transformación de los aspectos de gobernanza regional, las actividades del Parlamento del Mercosur pasan a ser innegablemente más democráticas, pero sobre todo centrándose en una transformación administrativa más eficiente, efectiva en su actuación y orientada por lo que se entiende hoy de gobierno abierto. Tal como habíamos comentado antes, el uso anómalo del derecho de propiedad, que se manifiesta de diferentes formas, sobre todo, por intermedio de la extralimitación del poder económico propietario, sea por una actuación bancaria irresponsable o por contratos hipotecarios sin o con bajísimo control externo, suscita otro problema relacionado con el tema de la corrupción endémica. Sobre este punto, recordamos que tanto Brasil como España son signatarios de la Convención de las Naciones Unidas contra la Corrupción (CNNUUC) de 2003 y que, en su art. 5, se afirma que todos los Estados Parte harán esfuerzos internos en sus ordenamientos jurídicos para promover políticas y prácticas de lucha contra la corrupción de forma participativa:

> Cada Estado Parte, de conformidad con los principios fundamentales de su ordenamiento jurídico, formulará y aplicará o mantendrá en vigor políticas coordinadas y eficaces contra la corrupción que promuevan la participación de la sociedad y reflejen los principios del imperio de la ley, la debida gestión de los asuntos públicos y los bienes públicos, la integridad, la transparencia y la obligación de rendir cuentas[117].

---

117 Véase Naciones Unidas (2003).

El primer elemento que destacamos en este debate entre corrupción, transparencia y participación ciudadana es en cuanto a la "debida gestión de los asuntos públicos". El derecho a la vivienda y el derecho a la ciudad, en conformidad con lo que proponemos, son materias de interés general, afectan derechos y generan vulnerabilidad socioeconómica si los debidos controles externo e interno fallan. Aún sobre la CNNUUC, en la letra "a", del § 1 del art. 7, sobre el sector público, vemos la voluntad de los estados miembros en defender la transparencia como un principio estructurante para el acceso a la carrera pública y la actuación de los funcionarios de carrera. Como uno de nuestros objetivos en esta subsección es destacar de qué forma la transparencia, la participación y la rendición de cuentas desde una perspectiva administrativa puede fortalecer los mecanismos de control externo del uso del derecho de propiedad, y así evitar sus abusos y su uso anómalo, mencionamos los arts. 9 y 10 y la letra "a" del § 2 del art. 12 que apuntan, respectivamente, a la transparencia de las finanzas públicas, la necesidad de informes públicos y el vínculo de cooperación entre las entidades privadas y los organismos encargados de hacer cumplir la ley. Por otro lado, el art. 13.1 llama la atención sobre la participación ciudadana y las organizaciones no gubernamentales como algunos de los actores clave para poner en marcha prácticas anticorrupción:

> Cada Estado Parte adoptará medidas adecuadas, dentro de los medios de que disponga y de conformidad con los principios fundamentales de su derecho interno, para fomentar la participación activa de personas y grupos que no pertenezcan al sector público, como la sociedad civil, las organizaciones no gubernamentales y las organizaciones con base en la comunidad, en la prevención y la lucha contra la corrupción, y para sensibilizar a la opinión pública con respecto a la existencia, las causas y la gravedad de la corrupción, así como a la amenaza que ésta representa. Esa participación debería reforzarse con medidas como las siguientes: a) Aumentar la transparencia y promover la contribución de la ciudadanía a los procesos de adopción de decisiones; b) Garantizar el acceso eficaz del público a la información; c) Realizar actividades de información pública para fomentar la intransigencia con la corrupción, así como programas de educación pública, incluidos programas escolares y universitarios; d) Respetar, promover y proteger la libertad de buscar, recibir, publicar y difundir información relativa a la corrupción. Esa libertad podrá estar sujeta a ciertas restricciones, que deberán estar expresamente fijadas por la ley y ser necesarias para: i) Garantizar el respeto de los derechos o la reputación de terceros; ii) Salvaguardar la seguridad nacional, el orden público, o la salud o la moral públicas[118].

---

118 *Ibidem*

En 2006, el Centro Latinoamericano de Administración para el Desarrollo (CLAD), que incluye a Brasil, España y otros Estados de Latinoamérica, elaboró una serie de principios y normas democráticas comunes para una actuación ética de los gobiernos a través del Código Iberoamericano de Buen Gobierno. Con referencia a los criterios obligatorios para la gobernanza pública, el punto 25 del documento afirma que los estados miembros deben apoyar la participación de la ciudadanía y los pueblos en la formulación, adopción y evaluación de políticas públicas: "Fomentarán la participación de los ciudadanos y los pueblos en la formulación, implantación y evaluación de las políticas públicas, en condiciones de igualdad y razonabilidad". Entre los valores y principios con los que las administraciones públicas deben estar comprometidas y orientadas por el concepto de buen gobierno, encontramos la imparcialidad y la transparencia entre otros:

> Los valores que guiarán la acción del buen gobierno son, especialmente: Objetividad, tolerancia, integridad, responsabilidad, credibilidad, imparcialidad, dedicación al servicio, transparencia, ejemplaridad, austeridad, accesibilidad, eficacia, igualdad de género y protección de la diversidad étnica y cultural, así como del medio ambiente[119].

4.3. São Paulo y el control social directo de la actuación administrativa

La Ley de Urbanismo 16.050 de la municipalidad de São Paulo recoge en su art. 5, apartado VII, §7, la disposición obligatoria referente a la participación colectiva de los residentes de la ciudad. El art. 48 apoya iniciativas populares y la participación de la sociedad civil, por ejemplo, sobre la creación de Zonas Especiales de Interés Social (ZEIS). Las ZEIS son una fórmula que apuesta en la transformación de los espacios urbanos socioeconómicamente más ricos y con mejor infraestructura con la presencia de personas cuyos ingresos son más bajos. Acorde con el art. 50, § 1, del texto legal, el gobierno municipal no está obligado a implementar las decisiones resultantes de las consultas y sugerencias del consejo. El art. 141, apartado XIV, aún prevé una junta específica con representación igualitaria en aquellas políticas urbanas en las que el poder municipal actúe con el apoyo de otras entidades federativas. Sin embargo, en su art. 5, inciso V, la Ley de Urbanismo de São Paulo 1.6050/2014 explicita el derecho a la ciudad como principio que debe regular las políticas urbanas. Esta disposición normativa municipal desarrolla y especifica una norma de rango superior

---

119 CLAD (2006).

y federal cuyo resultado esperado es la inclusión y diversidad social. Por lo tanto, el aspecto no vinculante de las decisiones del consejo previsto en la ley municipal tiene su contenido controlado por el derecho vinculante a la ciudad de la ley federal. En otras palabras, si el poder ejecutivo adopta la decisión del consejo para la efectividad de las ZEIS, debe motivar su decisión y proponer en seguida un plan de acción para que la municipalidad cumpla con el mandato del EdeC.

En el EdeC, aprobado por la Ley 10.257/2001, sección sobre la Administración Democrática de la Ciudad, el art. 45 establece que las competencias públicas están obligadas a incluir la participación popular y civil como medio de hacer efectivo el control directo de la actuación administrativa: "Os organismos gestores das regiões metropolitanas e aglomerações urbanas incluirão obrigatória e significativa participação da população e de associações representativas dos vários segmentos da comunidade, de modo a garantir o controle direto de suas atividades e o pleno exercício da cidadania". Además, el art. 45 señala que es urgente garantizar la debida diligencia de los organismos públicos en áreas y aglomeraciones metropolitanas, especialmente, aquellas de alta densidad demográfica:

> Art. 43. Para garantir a gestão democrática da cidade, deverão ser utilizados, entre outros, os seguintes instrumentos:
> I – órgãos colegiados de política urbana, nos níveis nacional, estadual e municipal;
> II – debates, audiências e consultas públicas;
> III – conferências sobre assuntos de interesse urbano, nos níveis nacional, estadual e municipal;
> IV – iniciativa popular de projeto de lei e de planos, programas e projetos de desenvolvimento urbano[120];

4.4. Barcelona y el control social directo de la actuación administrativa

El texto del Pla Director de Cooperació al Desenvolupament, Solidaritat i Pau de l'Ajuntament de Barcelona 2013-2016 describe y argumenta sobre el desarrollo y la implementación del tercer plan de la ciudad dedicado al

---

120 En conformidad con las ideas de Fernandes (2007, p. 202), leemos también que "The Brazilian case deserves to be better known internationally not only because it provides sound bases for the further development of international law in the area of urban law, but also because it provides strong elements to make the development of a Lefebvrian theory of rights possible, in which the 'right to the city' is to be understood not only as a social political and/or philosophical value, but also as a legal right".

desarrollo y a la cooperación urbana, resaltando su evolución y los pasos seguidos para su aprobación. Podemos describir el contexto y evolución de los planes en tres diferentes ciclos.

- El primer ciclo (2006-2008): El Plan Director 2006-2008 estableció las bases de un modelo de cooperación alineado con la doctrina y compromisos internacionales, pero también con la intención de destacar la contribución específica del Ayuntamiento de Barcelona. Este primer ciclo se centró en definir un modelo de cooperación que integrase los estándares internacionales con las particularidades locales.
- El segundo ciclo (2009-2012): Continuando con los objetivos del primer plan, el siguiente ciclo (2009-2012) se enfocó en mejorar el impacto de la cooperación a través de la concentración sectorial y geográfica. Esto implicó focalizar los esfuerzos en áreas y sectores específicos para lograr un mayor impacto.
- El tercer ciclo (2013-2016): En un contexto de incertidumbre y disminución de recursos públicos, el Plan Director 2013-2016 asumió el desafío de consolidar esta política pública. Este plan intensificó los esfuerzos para alcanzar estándares de calidad elevados, con el objetivo de posicionarse como un referente internacional en cooperación municipalista al desarrollo, la paz y los derechos humanos.

Particularmente sobre el Plan Director 2013-2016, leemos que la mejor manera de contribuir a la eficacia del desarrollo es identificar y maximizar el valor añadido de la cooperación a la administración local de la ciudad de Barcelona. Esto implica aprovechar las ventajas comparativas del Ayuntamiento en relación con otros actores en la agenda de desarrollo, tanto a nivel local como internacional. Es más, el documento sigue una tendencia global del periodo posterior a la crisis de 2008 de orientarse hacia políticas públicas de cooperación al desarrollo que se centren en resultados. La idea, al menos formalmente, era dar más enfoque y robustez en la evaluación de políticas públicas, su transparencia y la rendición de cuentas. Otro punto importante era el establecimiento de prioridades y metas. Una visión muy afectada por la idea de política como gestión, pero que, en aquel momento, hacía sentido para la ciudadanía incluso que había elegido el gobierno en funciones. Este enfoque de valor añadido guía la identificación de prioridades, compromisos y metas, estableciendo así una hoja de ruta clara para los próximos cuatro años en las áreas de desarrollo, paz y derechos humanos.

¿Cómo el Ayuntamiento de Barcelona procedió entonces para llevar a cabo un plan de acción para la ciudad en favor del desarrollo, de la paz y los derechos humanos? La Dirección de Relaciones Internacionales y de Cooperación encargó a una comisión de expertos la tarea de elaborar un borrador del Plan Director. Este paso inicial se centró en crear un documento base con la contribución de especialistas en la materia. Se sometió el borrador del plan a un proceso de participación y debate con organizaciones no gubernamentales (ONG) y otros actores involucrados en el desarrollo urbano. Esta fase aseguró la inclusión de diferentes perspectivas y la validación de los actores implicados. La fase final consistió en negociar el Plan Director con los grupos políticos municipales representados en el Ayuntamiento. Esta negociación fue crucial para lograr un consenso político amplio y, finalmente, aprobarse por unanimidad en una sesión plenaria extraordinaria del Consejo Municipal de Cooperación Internacional para el Desarrollo el 10 de enero de 2013, y después en el Pleno del Consejo Municipal el 1 de febrero de 2013[121].

Sin embargo, es importante analizar uno de los objetivos transversales del Plan Director de la ciudad de Barcelona para notar posibles distancias entre el texto formal y la práctica cotidiana de la administración de la ciudad. Según lo que leemos, el objetivo transversal de número uno busca promover el respeto integral del ejercicio efectivo de los derechos humanos, prestando especial atención a los derechos de los niños, la gobernanza democrática y el fortalecimiento del tejido social. En cuanto al desarrollo humano, este aparece en él como efecto de la ampliación de oportunidades, capacidades y libertades de los individuos, para que puedan vivir una vida digna en contexto urbano. En este marco, la política de cooperación considera crucial la promoción de la democracia y de los derechos humanos, una vez que las personas deben ser vistas como titulares de derechos y las instituciones públicas cumplidoras de obligaciones.

Para que se logre tal objetivo transversal de número uno, el Plan Director afirma ser aspecto clave el empoderamiento de la ciudadanía y de la sociedad civil. Este empoderamiento es vital para los sectores más desfavorecidos o históricamente discriminados, ya que permite una participación

---

121 Este documento describe satisfactoriamente cuáles fueron las bases y prioridades que ejercieron una enorme influencia en la ordenación y el planeamiento territorial de la ciudad de Barcelona. Además, nos proporciona, gracias a su contenido detallado, información sobre cómo se formaron las tendencias en el proceso de toma de decisiones, especialmente en un periodo de cambio de gobierno en la municipalidad. Véanse las páginas 51 y 52 en Ayuntamiento de Barcelona (2013).

activa y significativa en los procesos de toma de decisiones. La participación civil y política se convierte así en un pilar fundamental para garantizar que las voces de todos los sectores de la sociedad sean escuchadas y tenidas en cuenta. Por otro lado, el control democrático es otro componente esencial de este objetivo, pues implica que la ciudadanía puede supervisar y evaluar las acciones de las autoridades públicas, asegurando que estas actúen de manera responsable y transparente. De acuerdo con lo que afirma el documento, tal control es vital para la provisión equitativa de bienes y servicios públicos, evitando abusos de poder y garantizando que los recursos se distribuyan de manera justa. Es más, este tipo de control es igualmente relevante para asegurar que todos los grupos sociales, especialmente los más vulnerables, estén representados en las estructuras de gobierno y en los procesos de toma de decisiones. Algo que es fundamental para una democracia robusta y funcional. La inclusión posibilita que las políticas públicas reflejen la diversidad y las necesidades de toda la población, no solo de una parte privilegiada.

Capítulo V
El derecho a la ciudad y la transformación del espacio

1. LA TRANSFORMACIÓN ESPACIAL DE LA CIUDAD: RACIONALIDAD Y ACCIÓN SOCIAL

1.1. Racionalidad y fragmentación

Las inquietudes de Henri Lefebvre sobre la cuestión urbana y la producción del espacio ilustran un concepto de transformación más allá del aspecto material de las ciudades. Su propuesta está mucho más cerca de los valores y principios inmateriales o intangibles desde el punto de vista de la acción. Eso se debe, en parte, porque Lefebvre proponía un debate de cómo el proceso de acumulación de capital y su distribución concentrada producían una ciudad para pocos y cada vez más excluyente. El esfuerzo de Lefebvre no está dedicado a un dogmatismo filosófico, o sea, a una especie de refundación de los temas fundamentales de la filosofía y del pensamiento occidental, pero de qué manera los sujetos hasta entonces, según él, pasarían de la aceptación pasiva de la transformación del espacio a la acción o a la agencia transformadora de las ciudades. Recuerda el pensador francés que en la tradición filosófica es la idea que produce el mundo y la naturaleza el hombre. No obstante, es con el nacer del materialismo histórico que el hombre tiene la oportunidad de abandonar la rigidez dogmática encontrada en este paradigma y él mismo ser el agente de la transformación. Por lo tanto, el espacio de las urbes, para Henri Lefebvre, es producto de la acción humana y, por eso, exige de nosotros una acción social y el abandono de la inercia filosófica en que nos pone el sistema idea-naturaleza. De lo contrario, la ciudad, en las manos de pocos individuos, seguirá siendo el producto de una clase, de un grupo y de los intereses privados, no de la mayoría que trabaja y produce en ella[122].

---

[122] Lefebvre (2013, pp. 125-216). El contexto de la crítica del filósofo francés se da justo en los años de intensa modernización del espacio urbano francés patrocinada por el Estado, especialmente, en los años 1960. Lefebvre no fue el único a densificar el debate en torno de la producción del espacio. Nick Bullock, en su libro *Modernising post-war France: Architecture and urbanism during les trente glorieuses,*

Henri Lefebvre ve en la acción de los movimientos estudiantiles de la década de 1960 la esperanza de una discontinuidad transformadora. La inmensa inquietud e insatisfacción de jóvenes eran, para él, en realidad, una reacción a la constante fragmentación del pensamiento y de la ciencia a servicio de la ideología material de los que detienen los medios de producción y, consecuentemente, los que al final suelen decidir sobre el espacio. Según el pensador francés, lo que él llama las ciencias parcelarias es un ejemplo de cómo los ideólogos de la ciudad ponen en marcha sus intereses de acumulación disfrazados de ciencia, progreso y desarrollo urbano. Otro aspecto de la parcelación de la ciencia que denunciaba el filósofo francés era la división del trabajo en ella y su nivel de especialización. La labor de los que planean las ciudades y sus espacios no había logrado disociarse de la acumulación del capital y de la segregación socioeconómica. Además, para Lefebvre, la intelectualidad urbana ha sido enseñada a ser un cuerpo de síntesis descriptiva de los fenómenos observados y no propiamente entrenada para la acción social.

> En regardant de près, on s'aperçoit que les spécialistes qui ont étudié la réalité urbaine ont presque tourjours (sauf dans le cas d'un positivism logiquement extrémiste) introduit une représentation globale. Ils ne peuvent guère se passer d'une synthèse, en se contentant d'une somme de connaissances, de découpages et montages de la réalité urbaine. Ils prétendent alors, en tant que spécialists, aller légitimement de leurs analyses à la synthèse finale dont ils emprunten le principe le principe à leur spécialité. Ils se veulent "hommes de synthèse" par le chemin d'une discipline ou d'une tentative interdisciplinaire. Le plus souvent, ils conçoivent la ville (et la société) comme un organisme. Les historiens ont fréquemment rattaché à une "évolution" ou à un "développement historique", ces entités: les villes. Les sociologues les ont conçues: même un "être collectif", comme un "organisme social". Organicisme, évolutionnisme, continuisme ont donc dominé les représentations de la ville élaborées par des spécialistes qui se croyaient savants et seulement savants. Philophes sans le savoir, ils sautaient du partiel au global et aussi du fait au droit, sans légitimer leurs démarches[123].

---

describe de qué manera el pensamiento radical de arquitectos como Le Corbusier y el joven Turks denunciaban la dominante incapacidad del Estado para abordar los problemas crecientes de las ciudades francesas. Véase Bullock (2022). Según Weber (1978, pp. 63 y ss.), la racionalidad, desde una perspectiva sociológica, se refiere a la sustitución de tradiciones y valores, o simplemente al control de las ideas, por la acción racional en sociedad. La contribución weberiana nos ayuda a reflexionar sobre el papel de las instituciones que actúan conforme a las tradiciones y valores de una época, en un ritmo de cambio más lento de lo que exigen las demandas sociales.

123 Véase Lefebvre (2009, pp. 36-37).

Podemos aproximar el fenómeno de la fragmentación del conocimiento sobre el hombre y, consecuentemente, de los espacios en que vive él, con la intensa especialización del derecho urbanístico. Anteriormente, al analizar y comentar las sentencias de los tribunales constitucionales español y brasileño, fue posible identificar una *ratio decidendi* sobre expropiación forzosa, uso anómalo del derecho de propiedad e impuestos que nos requieren una reflexión sobre si estamos delante de un avance del concepto de derecho a la ciudad o del derecho de la ciudad[124]. Basta observar los mecanismos procedimentales puestos en uso y los fundamentos de derecho que deciden sobre la vida y las necesidades humanas. Objetivamente, la racionalidad de los magistrados es efectivamente fragmentada, desconectada muchas veces de la realidad material y, en gran medida, dogmáticamente contraria a una totalidad racional cuando se refiere a los espacios urbanos —derecho de propiedad con sus controles externos e internos, vivienda con finalidad residencial y ciudad resultante de derechos para quien trabaja y produce en ella[125].

1.2. Racionalidad y realidad material

Una forma de reconectar la realidad material a la *ratio decidendi* de los tribunales es mirar lo que los números presentan. Empezamos por las evidencias sobre el proceso de acumulación de riqueza de acuerdo con un informe de Oxfam:

> The global inequality crisis is reaching new extremes. The richest 1% now have more wealth than the rest of the world combined. Power and privilege

---

124 Jean-Bernard Auby sugiere una reflexión en este sentido sobre la diferencia entre el *droit de la ville*, precepto propuesto por Henri Lefebvre que nos remite a la transformación del espacio por quien trabaja y produce en ella, y el *droit à la ville*. Este último tipo de derecho describe mejor la situación actual del derecho urbanístico, del planeamiento urbano y de la ordenación del suelo de muchos países democráticos. Véase Auby (2013).

125 Lefebvre (2009, pp. 13-14). En esta contribución de Lefebvre, leemos sobre el conflicto entre clase trabajadora y de propietarios la Paris del siglo XIX. El retorno de los operarios al centro de la ciudad, para el pensador, es una señal de que los ideólogos del espacio todavía no habían logrado imponer por completo su plan de acumulación y exclusión espacial basado en un sistema de propiedad excluyente: "Il est à noter que Haussmann n'a pas atteint soun but. Un des sens de la Commune de Paris (1871), c'est le retour en force vers le centre urbain des ouvriers rejetés vers le fauborgs et les périphéries, leur reconquête de la ville, ce bien entre les biens, cette valeur, cette oeuvre, qui leur avaient été arrachés".

> is being used to skew the economic system to increase the gap between the richest and the rest. A global network of tax havens further enables the richest individuals to hide $7.6 trillion. The fight against poverty will not be won until the inequality crisis is tackled[126].

Lo que parece denunciar el informe de Oxfam es que el proceso de acumulación de riqueza se materializa de modo global y reproduce diversas formas de poder y privilegios poco o nada percibidos por la clase trabajadora, que es la más afectada. ¿Pero cómo podemos examinar algo tan evidente, tal como leemos en el informe de Oxfam, y al mismo tiempo tan invisible en cuanto a los responsables por esta forma de acumulación brutal? Thomas Piketty, con base en datos, llega a la conclusión de que el derecho de uso de bienes raíces residenciales ha sido fuente de acumulación de riqueza y, en gran medida, los grandes tenedores entre los que más se han beneficiado del crecimiento económico. Por esta razón, en el libro *The capital in the XXI century*, Piketty excluye la hipótesis de que la vivienda no es productiva en una sociedad, una vez que él observa su centralidad en la especulación financiera y conservación de privilegios: "Similarly, I ruled out the idea of excluding residential real estate from capital on the grounds that it is 'unproductive', unlike the 'productive capital' used by firms and government: industrial plants, office buildings, machinery, infrastructure, and so on". Más adelante, afirma el autor que, si nos detenemos a observar los precios de los alquileres, constatamos que en realidad "[...] all these forms of wealth are useful and productive and reflect capital's two major economic functions. Residential real estate can be seen as a capital asset that yields 'housing services,' whose value is measured by their rental equivalent"[127].

Ahora bien, nos detengamos un momento en la realidad de las estadísticas en España:

> De acuerdo con los datos proporcionados por el CGPJ, entre 2008 y 2013 en el Estado español se han producido casi 500.000 ejecuciones hipotecarias, de las cuales, casi un 25% en Cataluña (en 2012 hubieron 115 ejecuciones por día, adjudicándose las entidades financieras 30.034 primeras residencias) liderando la clasificación de comunidades autónomas en ejecuciones hipotecarias y en ella destacando los partidos judiciales de Terrassa, Vilanova i la Geltrú y Arenys de Mar (de acuerdo con datos de la Diputación de Barcelona)[128].

---

[126] OXFAM (2016).

[127] Véase Piketty (2014). Léase especialmente la sección *Capital and Wealth* en el capítulo intitulado "Income and Output".

[128] Véase Ponce Solé (2016, p. 63).

Además de esta realidad tan cruel en términos de ejecuciones hipotecarias, en el censo de 2001, el Instituto Nacional de Estadística (INE) señaló que había 283.155 viviendas vacías de un total de 2,6 millones de viviendas en Barcelona. La ciudad más rica de Cataluña tenía más de un 10% de sus residencias vacías. En la Provincia de Lleida, el número de viviendas desocupadas había pasado de 29.626 en 2001 a 37.165 en 2011[129]. Como afirma Ponce Solé, el derecho a la vivienda requiere una intervención administrativa pública hacia el interés general y debe por principio estar dirigida a la corrección de los fallos del mercado[130]. Aún sobre las estadísticas de viviendas desocupadas en territorio español, encontramos 3,4 millones de unidades y la mayoría de ellas en contexto urbano perteneciente a grandes tenedores.

Sobre la realidad brasileña, en números absolutos, hay 7,2 millones de unidades habitacionales desocupadas y el 72,7% de ellas en áreas urbanas. Solo en São Paulo, contamos 1,3 millones de casas vacías. Según el Instituto de Pesquisa Econômica Aplicada (IPEA), el déficit habitacional en Brasil fue de 5,4 millones en 2011[131]. En Brasil, la cantidad de favelas se ha duplicado en veinte años. En 1990, el número de viviendas no prediales era exactamente de 3.905; en 2010, de 6.329; en 2019, 11.150[132]. La porción más significativa del déficit sigue siendo las ciudades de la región del Sureste del país. La mayor precariedad de los hogares, sin embargo, se verifica en el Norte y Nordeste. A estos datos, añadimos los desafíos en cuanto a los medios de transporte deficientes y la falta de servicios sanitarios básicos que sin duda generan ciudades informales. En este sentido, podemos hablar de un derecho inadecuado a la vivienda y, como consecuencia de otros derechos conculcados, la inefectividad del derecho a la ciudad.

1.3. Racionalidad y acción social: los casos de los okupas en Brasil

Una de las maneras de expandir los controles externos e interno del uso del derecho de propiedad es la acción social. Hemos mencionado antes los principios de la buena administración, en que se destacaron la participación social y la transparencia. En Brasil, el *Movimento dos Trabalhadores Sem-Teto* (MTST) reacciona a los abusos del uso anómalo de la vivienda

---

129 Véase INE (2011).

130 Véase Ponce Solé (2008, pp. 9-13).

131 Véase IPEA (2013).

132 Consúltese la página 34 en IBGE (2024).

basándose en el mandato constitucional del derecho efectivo a la vivienda. La diferencia de esta demanda social con respecto a otros movimientos de la sociedad civil se verifica en la forma en que sus miembros se organizan, sus orígenes y el empleo de las evidencias estadísticas producidas por el propio Estado brasileño que comentamos en la subsección anterior. El MTST considera, por ejemplo, como parte de su actuación para hacer efectiva la función social de la propiedad, el número de viviendas desocupadas en manos de grandes tenedores. Otra forma de empoderamiento es a través de la función social de la ciudad, que puede ser medida a partir de la distribución de la riqueza urbana, o sea, la presencia de las clases menos favorecidas socioeconómicamente en los barrios más ricos. La corrección de las distorsiones en cuanto a la plusvalía de la ciudad es otro instrumento de mayor participación que se traduce en agravar los impuestos progresivos a aquellos propietarios que no cumplan con la función social de la propiedad.

El MTST nació en la década de 1990 con el principal objetivo de reivindicar hogares más dignos para las personas que trabajan y producen en la ciudad. La municipalidad de São Paulo es el principal centro urbano de acción del movimiento, ya que los problemas urbanos como la desigual infraestructura entre las zonas centrales y las más distantes, el acceso a servicios precarios en los barrios más pobres y la segregación periférica vista, especialmente, por la distribución del sistema de transportes empeoran el escenario de concentración de renta de la ciudad más rica de Latinoamérica. El MTST organiza su agenda en asambleas semanales, tiempo de estudio y formación sobre los problemas urbanos y las consultas jurídicas con expertos que ven en el movimiento las semillas de la transformación socioespacial de la ciudad[133]. Como un movimiento popular, es importante establecer protocolos de acción. Entre ellos, encontramos la estrategia de ocupación de propiedades que, en suelo urbano, se encuentran vacías,

---

133 Véase MTST (2024). Durante la pandemia causada por el Covid-19, que agravaba los niveles de vulnerabilidad, riesgo social y alimentario, el MTST lanzó una iniciativa que fue concebida para funcionar en diferentes estados de la federación brasileña. Desde entonces, el comedor solidario fue pensado no solo para los trabajadores y miembros del movimiento, sino también para hacer frente al hecho de que 15 personas morían de hambre al día en Brasil —uno de los mayores productores de alimentos del mundo. Después de levantarse el periodo de alerta del Covid-19, los comedores solidarios siguen activos posibilitando la alimentación de 100 mil personas a diario. La lucha por el derecho a la vivienda y a la ciudad también requiere el apoyo económico que las dietas ofrecen a las personas afectadas por el sinhogarismo y la exclusión espacial.

abandonadas y endeudadas. No se trata aquí, para ellos, de ocupar y quedarse en estas propiedades cuyo uso es comprobadamente anómalo. Las ocupaciones reivindican apenas que las administraciones públicas actúen con los controles externos que les confieren las leyes del país —el Estatuto de la Ciudad y los planes urbanísticos[134].

Otra estrategia de actuación, en conformidad con la Ley Federal 8.245/1991 y con los límites externos del derecho de propiedad, el MTST monitorea también la eficacia en el control de los precios de los alquileres como un instrumento legal para evitar el proceso de gentrificación en las zonas urbanas de todo el país. En cuanto a las normas primarias, que ofrecen a las personas afectadas la oportunidad de exigibilidad de la vivienda ante las administraciones públicas, la Ley 11.124, en su art. 2, I, afirma que el Sistema Nacional de Vivienda de Interés Social (SNHIS)[135] tiene como finalidad proporcionar a la población de menores ingresos acceso a suelos urbanizados y a viviendas dignas y sostenibles. En su art. 4, la estructuración, organización y funcionamiento del SNHIS deberá observar los principios de compatibilidad e integración de las políticas de vivienda federales, estatales, del Distrito Federal y municipales, así como otras políticas sectoriales de desarrollo urbano, ambiental y de inclusión social; de la vivienda digna como derecho y vector de inclusión social; de la democratización, descentralización, control social y transparencia de los procedimientos de toma de decisiones; de la función social de la propiedad urbana con el objetivo de garantizar actuaciones encaminadas a frenar la especulación inmobiliaria y permitir el acceso al suelo urbano y el pleno desarrollo de las funciones sociales de la ciudad y de la propiedad. Las acciones del MTST se ajustan al que afirma el art. 6 de la CB, o sea, a la conexión entre trabajo y vivienda social en cuanto derechos indisociables. La Carta Magna brasileña, en su art. 5, § 2, también afirma que los principios y derechos establecidos en las leyes estatales no excluyen aquellos contenidos en tratados y convenios internacionales en los que Brasil es parte.

En los días 6 y 7 de febrero de 2015, el MTST ocupó una propiedad estatal en Ceilândia, Distrito Federal de Brasil. El suelo urbanizable se encontraba en posesión de la empresa estatal Terracap que fue creada por la

---

134 Actualmente, hay dos ocupaciones que merecen nuestra atención en el sentido de promover una estrategia de reivindicación, la Ocupación Lélia Gonzalez y la Ocupación Copa do Povo con, respectivamente, 80 y 2.650 familias. Sobre la gestión urbana y la vivienda como derecho social, véase Bonduki (2000, pp. 163-164).

135 En português, Sistema Nacional de Habitação de Interesse Social.

Ley 5.861 de 1972 con el objetivo de administrar y construir viviendas de interés social con fondos públicos. El MTST calculó que miles de viviendas ya deberían estar listas para nuevos residentes considerando el historial de recursos que habían sido transferidos de la administración estatal a la empresa. Señalaron también que, de los proyectos concluidos, había una cantidad considerable que beneficiaba apenas a las clases medias y a las familias con más recursos. Vila Nova Palestina y la Ocupación Carlos Marighela son otros ejemplos de reivindicación, pero, ahora, en la periferia de São Paulo. Estas acciones colectivas no solamente pusieron de manifiesto la negligencia de los poderes públicos, sino también expusieron el incumplimiento de la legislación aplicable. En todos estos casos, el movimiento es victorioso porque, tras la constatación de una clara violación de la función social de la propiedad, también se evidencia el imperativo del deber de diligencia que recae sobre la administración pública local en relación con los bienes inmuebles de uso anómalo.

El caso de Pinheirinho en la ciudad de São José dos Campos, en el Estado de São Paulo, es ilustrativo en cuanto al debate sobre el derecho a la vivienda y el derecho a la ciudad. Aproximadamente, 6 mil personas vivían en la ocupación que se ubicaba en parte de un área de 1.3 millones de metros cuadrados. Después de una batalla jurídica, la orden de lanzamiento fue acompañada de la fuerza policial y, sin duda, uno de los episodios más violentos sobre las ocupaciones urbanas en el país[136]. Tras años del violento desalojo de la ocupación de Pinheirinho, la presidenta Dilma Rousseff en aquel momento firmó el contrato de construcción de 1.700 viviendas para las familias. En 2016, finalmente se hizo la entrega de las llaves de los inmuebles a los afectados. Algunos comentarios importantes. El precio de las viviendas fue calculado con base en el criterio de asequibilidad. Las familias, a precios de hoy, asumieron una hipoteca de 10 años con cuotas mensuales que consumen el equivalente a un 10% del sueldo mínimo en Brasil. En cuanto a la ubicación de Pinheirinho de los Palmares, la nueva urbanización, se encuentra a 16km de donde se dio el lanzamiento. Lo que puede dar lugar a la justa crítica que hacen algunos de los beneficiarios en relación con la distancia que hay entre el nuevo barrio y el de la ocupación. Sin embargo, la segregación espacial ya configura otro nivel de reflexión en el debate del derecho a la ciudad, pues no estamos más hablando de familias e individuos sin un hogar.

---

136 El terreno de Pinheirinho sigue legalmente una posesión de una empresa en quiebra conocida como Selecta cuyo beneficiario es el gran tenedor inmobiliario Naji Nahas.

La construcción de viviendas con interés social en régimen de co-trabajo entre las familias de bajos ingresos y la administración de la ciudad de São Paulo fue implementada por primera vez por la alcaldesa Luiza Erundina (1989-1993). El terreno era responsabilidad del poder público y el proyecto ejecutado por los futuros residentes que no podían pagar un lugar digno para vivir a través de un sistema hipotecario. En los *mutirões* del ayuntamiento, como se denominaba esta práctica colaborativa, ingenieros, arquitectos y técnicos auxiliaban a los futuros residentes durante el periodo de construcción de sus propias viviendas[137]. Las familias de clase trabajadora que demostraban no tener condiciones económicas, manifestaban su interés en ser parte del proyecto y las listas creadas por criterios de necesidad, participación y colaboración. Los días y horas de trabajo contaban puntos para las familias y la presencia de los desarrolladores-residentes en el suelo otorgaba a esas zonas un uso adecuado de la propiedad. Además, la función social pudo entenderse por primera vez como una dimensión efectiva para quienes necesitaban una residencia. Los pequeños edificios que se fueron irguiendo en el barrio de Fazenda da Juta son un ejemplo de esa experiencia colectiva y de autogestión que, a pesar de todas las dificultades impuestas por gestiones posteriores, se concluyó después de ocho años[138].

La mayor lección que se pudo aprender de la experiencia de los *mutirões* fue que sí era posible disminuir la plusvalía y crear un área residencial con identificación social. Algo que algunos autores definen como ciudades para personas, no para el ánimo de lucro[139]. La acción social transformadora requiere una organización de las clases menos favorecidas y la calificación de sus competencias para que la demanda de los movimientos urbanos gane una comprensión más amplia del funcionamiento de las ciudades[140]. Por competencia, se entiende el aspecto político vital que se da con el reconocimiento de que "social" significa organizar redes comunica-

---

137 "Não se trata, portanto, simplesmente de um mutirão, trabalho gratuito promovido pelo Estado para a construção, onde cada morador 'se vira' individualmente para levantar um abrigo. É o mutirão autogerido, organização autônoma da sociedade civil que, com o apoio e financiamento do poder público, equaciona a produção de moradias com a participação dos moradores e introdução de avanços tecnológicos e sociais que só o trabalho coletivo pode proporcionar". Véase Bonduki (2000, p. 36).

138 Véase Miagusko (2012, p. 110).

139 Véanse Brenner, Marcuse & Mayer (2012); y Coggin (2001).

140 Castells (1983).

tivas y participar de la riqueza que el trabajo produce en contextos sociales determinados[141]. Al igual que algunos estudios vinculados a una demanda más global, las cuestiones de vivienda deben entenderse también como aquellos principios sujetos a la exigibilidad, a la efectividad de los derechos humanos y a los pactos constitucionales[142]. Volveremos más adelante a estos aspectos, pero por hora es importante resaltar que la producción de los espacios puede ganar otras formas de realización como hemos visto hasta aquí.

1.4. Racionalidad y acción social: los casos de okupas en España

En España, el movimiento de base conocido como Plataforma de Afectados por la Hipoteca (PAH) ha forjado una agenda para hacer frente a la crisis española tras la crisis del mercado inmobiliario ocurrida en 2008. En un primer momento, la PAH reivindica el derecho a la vivienda garantizado por la CE de 1978 en su art. 47 y lo opone a la realidad de las 500 mil ejecuciones hipotecarias producidas entre los años de 2008 y 2013. El movimiento también denunció el sistema especulativo de hipoteca en el país, las cláusulas contractuales abusivas y la falta de transparencia en la gestión de los fondos públicos destinados a rescatar el sistema bancario español en el contexto de la crisis de 2008. Las asambleas de la PAH se organizan de forma democrática y sus principales objetivos son parar los desahucios, proteger a las familias de la experiencia de quedarse en la calle y, especialmente, tras un proceso de ejecución hipotecaria, evitar que la pérdida de la vivienda se agrave con la continuidad de una deuda por impago de hipoteca[143].

Como la PAH no es una clínica jurídica, toda la información legal que se recoge y se difunde en el movimiento se concentra en un taller de lectura de contratos de hipoteca y préstamos llamado asesoramiento jurídico. Los abogados que actúan en la plataforma ofrecen su conocimiento tanto sobre el funcionamiento del procedimiento judicial en casos de ejecuciones hipotecarias como ayudan a los afectados a preparar sus peticiones para impedir que la falta de saber jurídico genere indefensión. Para que esta etapa previa a la reivindicación ante los poderes y administraciones

---

[141] Sobre las formas de organización social, redes y producción económica, véase Powell (1990).

[142] Véase Ponce Solé & Fernández Evangelista (2010).

[143] La PAH trabajó mucho con el precepto jurídico de dación en pago para amenizar en muchos casos la situación de endeudamiento de las familias.

públicas sea exitosa, es importante que cada persona sea consciente de que solo ella es responsable por la defensa de sus derechos, es decir, el interesado o interesada no delega funciones, trabajo o gestiones. Sin embargo, en la PAH nadie está solo, pues las redes de comunicaciones y apoyo son inmensas. A todos se les ofrece la compañía de personas con más experiencia para que las visitas a los bancos, a las administraciones públicas e incluso a los juzgados no sean episodios traumáticos[144].

Otro tipo de racionalidad comunicativa que los miembros de la PAH incorporan a su acción social es la información jurídica para impedir la indefensión. El derecho de solicitar un abogado de oficio es algo muy poco conocido de muchos que llegan a la plataforma. Como prácticamente todos los afectados cumplen con el requisito socioeconómico, o sea, estar en situación de paro o tener un nivel de ingresos muy bajo, comunicar este derecho es algo importante. Este es un punto en que la racionalidad comunicativa del movimiento hace efectivo el derecho de los afectados a acceder a los juzgados de manera que puedan defenderse de las demandas de los bancos y de los grandes tenedores de viviendas[145]. A diferencia

---

144 En casos extremos, la plataforma decide ocupar viviendas vacías con la finalidad de denunciar la especulación inmobiliaria y los resultados de la crisis de 2008. Nombran ese protocolo por "Obra Social de la PAH" y lo interpretan como una desobediencia civil, ya que la ocupación es apenas un medio para inicio de diálogo con las autoridades y competencias administrativas. La Obra Social sirve también como instrumento de presión para que las administraciones públicas cumplan con la función social de la propiedad al implementar: 1) rentas sociales; 2) aplicación de la Ley 18/2007 de la Vivienda de Cataluña mitigando el uso anómalo del derecho de propiedad; 3) multas coercitivas contra bancos, inversores inmobiliarios y ayuntamientos como propietarios de viviendas sin personas. Véase PAH. (2024).

145 Gran parte de los determinantes y conceptos de la racionalidad comunicativa presente en este trabajo resulta de la influencia de la teoría de la acción comunicativa de Jürgen Habermas. Entre los años de 2014 y 2016, acompañamos la PAH de Terrassa durante las asambleas semanales, los talleres jurídicos, visitado ocupaciones y estado en eventos de ocio cultural. En lo que se puede afirmar, de los cuatro supuestos propuestos por Habermas —inteligibilidad, verdad, rectitud y veracidad, el de la veracidad es lo que destacamos como el más importante, o sea, no mentir. En el contexto de la PAH, esta es una tarea de gran valor, porque exige coraje de los miembros. Tienen que exponer su problema delante de muchos, docenas o a veces centenas de personas. Decir y compartir son dos acciones en el acto comunicativo dentro de la PAH que generan confianza, identidad y, lo más importante, cambios en la subjetividad. Es difícil que uno intente mascarar sentimientos y hechos por vergüenza, miedo, inseguridad, desconfianza, orgullo, etc. Aceptar hablar es el primer paso o lo que Habermas denomina de rectitud,

del MTST, en parte por las diferencias materiales y socioeconómicas entre una sociedad y otra, la PAH trabaja esencialmente con la información y las redes de conocimiento antes de pasar a la acción en las calles, ocupar oficinas de bancos y hasta pisos como forma de llamar la atención de las administraciones públicas para que reaccionen ante los abusos sufridos por los afectados. Otra forma de comunicar la violencia que desencadenan las ejecuciones hipotecarias son las reuniones frente a los portales de los hogares donde se ha emitido una orden de desahucio. Llamar la atención pública sobre el hecho de que las familias con niños están a punto de vivir en las calles suele funcionar a menudo, porque, como la mayoría de sus integrantes tienen menores en su responsabilidad, los bancos o grandes tenedores no acaban por lograr la retirada de las familias.

Tras el análisis de algunas de las acciones de la PAH, podemos identificar algunos resultados concretos con base en una racionalidad de acción social y de transformación del acceso al espacio urbano: a) vivienda social a través de alquileres sociales; b) la Obra Social para familias y personas vulnerables; c) detener los desalojos; d) la dación en pago; e) suministros esenciales como agua, calefacción y electricidad. Para lograrlos, con la ayuda de juristas, la PAH puso a disposición documentos en línea que pueden ser fácilmente descargados y cumplimentados por los afectados listos para ser presentados en los tribunales y las administraciones públicas. Dicha estrategia ha sido un método eficiente para acercar a las personas a la jerga jurídica, creando un movimiento empoderado del punto de vista de cómo funciona tanto el procedimiento judicial como el administrativo.

2. LA EXIGIBILIDAD DEL DERECHO A LA VIVIENDA: ¿CAMBIOS DE RACIONALIDAD?

Algunos autores defienden el derecho a la vivienda como exigible. Es importante entender que tal racionalidad jurídica, en cuanto a requisito de actuación y validez del acto, parte de dos dimensiones, o sea, la interna-

la distancia más breve entre dos puntos, el contexto en que dos o más comunicadores se acercan y, por eso, se ven mejor: "Las emisiones o manifestaciones que llevan asociadas pretensiones de rectitud normativa o de veracidad subjetiva, de forma similar a como otros actos llevan asociada una pretensión de verdad proposicional o de eficiencia, satisfacen el requisito esencial para la racionalidad: son susceptibles de fundamentación y de crítica". Véase Habermas (1981, Vol. I p. 34).

cional y la nacional. Pasaremos rápidamente por cada una de ellas para no perder el hilo del argumento en la presente sección.

2.1. La perspectiva internacional de la exigibilidad del derecho a la vivienda

Juli Ponce Solé argumenta que los países partes del Pacto Internacional de Derechos Económicos, Sociales y Culturales (PIDESC) de las Naciones Unidas están obligados a respetar, proteger y satisfacer aquellos derechos vitales referentes a la dignidad humana. En conformidad con el art. 11 del PIDESC, los Estados reconocen el derecho de toda persona a una vivienda y, para asegurar este y otros, deben tomar medidas apropiadas para asegurar su efectividad:

> Esas medidas necesarias, de acuerdo con lo señalado por la doctrina, el Comité de derechos económicos, sociales y culturales, organismo encargado de supervisar el cumplimiento de este pacto, y las jurisprudencias nacionales que han interpretado los derechos constitucionales propios a la luz de este artículo 11, suponen la existencia de unas obligaciones jurídicas de medios de 'tipología tripartita' de respetar (no violar ni dificultar su ejercicio), proteger (que requiere de los Estados tomar medidas para prevenir que terceras partes, por ejemplo, privados, interfieran con los derechos) y satisfacer (que obliga a los poderes públicos a hacer lo necesario para superar los obstáculos que impiden el goce completo del derecho en cuestión)[146].

Recuerda Ponce Solé que el art. 2 del PIDESC también hace referencia a los medios, o sea, que los Estados han consentido y ratificado un documento que exige de ellos el compromiso de adoptar medidas para que los derechos enunciados no sean meramente semánticos sino principios y derechos efectivos. Igualmente, en la esfera del Derecho Internacional, Ponce Solé destaca el art. 34.3 de la CDFUE, sobre las ayudas sociales en materia de vivienda a las personas socioeconómicamente vulnerables:

> Con el fin de combatir la exclusión social y la pobreza, la Unión reconoce y respeta el derecho a una ayuda social y a una ayuda de vivienda para garantizar una existencia digna a todos aquellos que no dispongan de recursos

---

146 Véase Ponce Solé (2016, p. 80). Comparar con el concepto weberiano de racionalidad tal y como aclaramos en la nota de pie 131. Aquí es importante notar el acercamiento de lo que se entiende por racionalidad jurídica, requisito de actuación y validez del acto, con la racionalidad sociológica, sucedánea de tradiciones y valores. Tenemos en mente el art. 3.1 del CC español cuando tratamos del uso del derecho de propiedad y su confluencia con el derecho a la vivienda. Debemos estar atentos al despliegue del concepto de racionalidad sociológica, que podrá ganar dimensiones de acción, la comunicativa, etc.

> suficientes, según las modalidades establecidas por el Derecho comunitario y las legislaciones y prácticas nacionales.

La racionalidad inherente a los derechos sociales, tal como defiende el autor, se da con la presencia del mínimo vital, es decir, la parte inalienable de la dignidad humana, tal como se ve en diferentes legislaciones autonómicas de España en relación con la renta mínima que es una asistencia movilizadora de medios, prestación de servicios públicos y satisfacción de necesidades básicas[147].

Por lo que se refiere al CdE, la Carta Social Europea (CSE), en su versión revisada de 1996, afirma en el art. 31 que:

> Para garantizar el ejercicio efectivo del derecho a la vivienda, las Partes se comprometen a adoptar medidas destinadas:
> 1. a favorecer el acceso a la vivienda de un nivel suficiente;
> 2. a prevenir y paliar la situación de carencia de hogar con vistas a eliminar progresivamente dicha situación;
> 3. a hacer asequible el precio de las viviendas a las personas que no dispongan de recursos suficientes.

La CSE detalla incluso en su art. 15.3 sobre la plena integración y participación en la vida social de los minusválidos a través del derecho a la vivienda. Lo mismo en su art. 16, en que la vivienda es un derecho incluso indispensable para que la familia tenga protección social, jurídica y económica. Así declara el art. 23 con respecto a las personas con edad avanzada con derecho a la protección social por medio del derecho a la vivienda.

Otro autor que merece nuestra atención es Padraic Kenna que, también a partir de una mirada internacional, corrobora la idea de que la vivienda es sin duda un derecho exigible. En primer lugar, en el sistema de las Naciones Unidas y las observaciones generales; luego, desde el CdE y la CSE Revisada de 1996 y el Protocolo de reclamaciones colectivas; y, por último, el papel de la UE con su método de coordinación en el desarrollo e implementación de políticas sociales, los memorandos y los planes nacionales de acción. Sin embargo, según el autor, simplemente reconocer los derechos sociales y, consecuentemente, el derecho a la vivienda no es suficiente. Sin una vía de recurso, es poco probable que existan derechos. Es importante observar que Kenna nos muestra que estas tres organizaciones internacionales tienen mecanismos de cooperación y comunicación como apuntan las Directrices de Maastricht, pues ellas sí que nos ofrecen como criterio

---

[147] *Ibidem*, p. 91

de consentimiento de los Estados en hacer efectivos los derechos sociales y su compromiso con la tipología tripartita la participación de los propios países en foros y organizaciones internacionales[148].

> Las Directrices de Maastricht destacan que, en principio, la responsabilidad de estas violaciones se puede atribuir al Estado dentro de cuya jurisdicción se producen. Por lo tanto, el Estado responsable deberá crear mecanismos para corregir estas violaciones, incluyendo la supervisión, la investigación, el procesamiento y los recursos para las víctimas. Existe una obligación en relación con los actos realizados por las entidades no estatales[149].

2.2. La perspectiva nacional de la exigibilidad del derecho a la vivienda

En cuanto al art. 47 de la CE de 1978, el Tribunal Supremo (TS) de España, en la STS de 16 de junio de 1998 (*Tol 1704184*), en su fundamento cuarto, razona que el derecho a la vivienda o el artículo en cuestión proclama el derecho "de todos los españoles a disfrutar de una vivienda digna y adecuada, vinculando a los poderes públicos a promover las condiciones necesarias y establecer las normas pertinentes para hacer efectivo este derecho". Es más, entiende el TS que el art. 47 es "un mandato o directriz constitucional que ha de informar la actuación de todos los poderes públicos". Por otro lado, la STS de 27 de abril de 1999 (*Tol 1715780*) dirime la duda referente a los derechos sociales, entre ellos el derecho a la vivienda, por no ser un enunciado constitucional "puramente programático", sino uno de los que implica efectiva actuación de los poderes públicos[150].

Al dictar sentencia sobre un recurso contencioso-administrativo, en el que los demandantes cuestionaban algunas decisiones administrativas vascas denegando una autorización para modificar un proyecto de construcción de viviendas de protección oficial, el fundamento jurídico cuarto de la STS de 17 de julio de 1990 (*Tol 2414767*) recuerda que la aplicación de la normativa y actuación administrativa deben ser interpretada con 'un profundo sentido finalista o teleológico'. Es decir, la normativa debe ser interpretada con la finalidad de cumplir el objetivo establecido por el legis-

---

148 Véase la sección 'Sin la vía del recurso no puede existir un derecho', capítulo *Conclusiones*. Kenna (2006, pp. 206-213).

149 *Ibidem*, p. 210.

150 Véase Ponce Solé (2016, pp. 118-119). Por analogía, Ponce Solé recoge otras decisiones del TS en que "Tenemos, en efecto, expresamente mencionados los siguientes derechos: derecho a la protección de la salud (art. 43.1); derecho a la cultura (art. 44.1) y derecho a disfrutar de un ambiente natural adecuado (art. 45.1)". *Ibidem*, p. 118.

lador. Igualmente, cabe añadir que la norma debe ser eficaz, produciendo los resultados esperados a partir de su aplicación, y efectiva en el sentido de no restringir sus beneficios a los particulares.

> Y puesto que tanto se apela ahora a la Constitución (*RCL* 1978, 2836 y ApNDL 1975-85, 2875), en defensa de garantías formales, no será nada malo acordarse de ella y tener presente que la misma da comienzo su articulado declarando solemnemente que "España se constituye en un Estado social y democrático de Derecho..." (art. 1.1); descendiendo al campo de que se trata en el artículo 47, donde se reconoce que 'Todos los españoles tienen derecho a disfrutar de una vivienda digna y adecuada', indicando a continuación que 'Los poderes públicos promoverán las condiciones necesarias y establecerán las normas pertinentes para hacer efectivo este derecho...'"[151].

La STS de 17 de julio de 1990 (*Tol 2414767*) es muy relevante para una reflexión más profunda sobre la exigibilidad del derecho a la vivienda, porque también señala que es indispensable mirar la situación general del país y los medios económicos y financieros disponibles en el conjunto de la sociedad. Las viviendas de protección oficial no demandan inversiones suntuosas y esto en conformidad con la regulación vigente de los mínimos a ser garantizados en la ejecución de proyectos de desarrollo urbano. Aquí añadimos a la idea de vivienda digna la relación coste y beneficio, que no es puramente un vínculo económico, pero, sobre todo, de alcance de la efectividad del derecho a la vivienda:

> haya habido necesidad de conformarse con tipos de viviendas, dignas, sí, pero modestas o no excesivamente confortables o suntuarias, con el fin de extender la ayuda al mayor número de personas verdaderamente necesitadas de ella, y, por lo tanto, excluyendo a las que pueden permitirse la satisfacción de esta necesidad por sus propios medios[152].

3. ¿LA EXIGIBILIDAD DEL DERECHO A LA CIUDAD ES UNA RACIONALIDAD NECESARIA?

A lo largo de las subsecciones anteriores, hemos discutido de qué manera se puede pensar en una racionalidad propia de la acción social y de la efectividad de la vivienda a través de su exigibilidad. No obstante, la exigibilidad del derecho a la vivienda, como se ha visto, conlleva otros derechos y, especialmente, la obligación de actuación por parte de las administraciones públicas. El fondo de la cuestión en el presente trabajo es cómo

---

[151] Parte de este comentario de sentencia fue extraído de Ponce Solé (2016, p. 123).

[152] *Ibidem*, p. 124

tanto las normas reguladoras cuanto las decisiones jurídicas no ponen en contradicción el uso del derecho de propiedad y el derecho a la vivienda. Lo que sí parece ser la contradicción es de qué modo la efectividad del derecho a la vivienda y su exigibilidad no sensibilizan a los tomadores de decisiones en las administraciones públicas a punto de reducir el conflicto denunciado por los movimientos sociales. En este punto, entendemos que la racionalidad de la cual parte la demanda social y la que hace uso las administraciones públicas tienen algo en común, por ejemplo, la efectividad de los controles externos e internos del derecho de propiedad, pero sus grados de aplicación son evidentemente diferentes.

En cierta medida, el MTST y la PAH han incorporado el contenido de los tratados y pactos internacionales con el objetivo de lograr que los Estados cumplan con la tipología tripartita, es decir, respetar, proteger y satisfacer. Sin embargo, no basta con no violar ni dificultar el ejercicio de los derechos sociales. Es necesario contextualizarlos en la ciudad y garantizarlos de manera proactiva. De este modo, podemos avanzar en las formas de protección o tomar las medidas que prevengan situaciones de vida indignas. La satisfacción de los derechos sociales y del derecho a la vivienda, más concretamente, obliga a las administraciones públicas a actuar y al legislador a regular las competencias de actuación de los poderes públicos.

En otras palabras, lo que los movimientos proponen es la ampliación de su demanda por el derecho a la vivienda en otros ámbitos, como la igualdad de oportunidades para familias con bajos ingresos, la cuestión de género, la no discriminación, la gratuidad de los transportes públicos, el fin de la pobreza energética, la no privatización del suministro de agua, el derecho a la atención primaria y a la sanidad públicas, el acceso a las instituciones educativas, mayor transparencia fiscal referente al uso de los recursos públicos, etc. Dinamizar la tipología tripartita, la que previamente introducimos en el debate de la exigibilidad de la vivienda, es una forma de traducir una posible exigibilidad del derecho a la ciudad[153].

La racionalidad de la acción de movimientos sociales como el MTST y la PAH busca la aplicación de medidas de prevención de riesgo o de vulne-

---

153 En los términos de Henri Lefebvre, el ejercicio de un derecho auténtico a la ciudad implica la actuación de la clase obrera organizada en la que están presentes diferentes estratos sociales representados. No se trata tanto de un problema de cumplimiento o no de lo que prescribe el ordenamiento jurídico y constitucional de un país, pero una visión totalizadora de la acción y de la transformación material de las condiciones socioeconómicas. Véase Purcell (2002).

rabilidad socioeconómica y que las adopten las administraciones públicas bajo un amplio corolario de justicia social. Es una noción orgánica sobre los derechos humanos, que, puestos también como principios de actuación de los poderes públicos, no solamente exigen del legislador o de los poderes públicos estatales actuación. El MTST y la PAH demuestran que tal actitud se espera más de las autoridades y las competencias públicas locales que de otros niveles. En parte, porque también han absorbido el enorme descontento que la sociedad actual siente hacia la política institucional partidaria.

Sobre la racionalidad de los movimientos sociales que reivindican el derecho a la vivienda, hemos observado algunas líneas de argumentación y razonamiento que nos ayudan a comprender de qué forma ellos se acercan al concepto de derecho a la ciudad propuesto por Henri Lefebvre. La primera es en cuanto al tema del uso indebido del derecho de propiedad, los pisos no ocupados por largos periodos y, de manera consecuente, el incumplimiento de la función social de la propiedad. Después, la actuación sancionadora o administrativa que no penaliza el uso anómalo del derecho de propiedad, sea a través de multas coercitivas o por intermedio de los impuestos progresivos. La tercera son las audiencias públicas en que participan diferentes sectores de la sociedad y la información, sobre todo, la que concierne a los recursos públicos aplicados en la ciudad y debe estar disponible para todos los ciudadanos. Una cuarta es la diferenciación jurídica entre grandes tenedores y pequeños propietarios[154]. La última es el carácter internacional de la demanda en materia habitacional. El MTST y la PAH, bien como otros movimientos por la efectividad del derecho a la vivienda, se han unido en foros internacionales e informado, por ejemplo, relatorías de las Naciones Unidas por el derecho a la vivienda[155].

Se puede decir que, para Henri Lefebvre, el lugar urbano existe de forma dialéctica. Para él, la vida urbana está determinada por un modo de producción con el poder de dictar el tiempo y el espacio. Al mismo tiempo, los que viven en la ciudad también la cambian. Es por ello que se debe hacer un esfuerzo analítico con el objetivo de revelar las fuerzas ideológicas

---

[154] En este sentido, la PAH ha tenido éxito en exigir la diferenciación legal de lo que es un gran tenedor de un pequeño propietario. El art. 3.2, "k", de la Ley 12/2023, de 24 de mayo, por el derecho a la vivienda, hace esta distinción.

[155] Véase United Nations (2012). La Resolución A/67/286 aprobada por la Asamblea General, *Promotion and protection of human rights: human rights questions, including alternative approaches for improving the effective enjoyment of human rights and fundamental freedoms,* fue elaborada por Raquel Rolnik como Relatora Especial.

que la transforman y elevar el nivel de participación de las personas. Así, el principal reto es, por un lado, percibir la ciudad como un objeto fragmentado y, por otro, devolver a los individuos la capacidad de reanudar su sentido. Para el pensador francés, la ideología urbanística se manifiesta y se representa por la actuación de los expertos en ciudades y urbanistas, desarrolladores urbanos y constructoras de infraestructura que ven en la parcelación del espacio un medio de acumulación de riqueza. En cambio, las posibles definiciones del derecho a la ciudad para Lefebvre tienen en cuenta los espacios transformadores y en transformación, la confluencia de diferentes deseos y la estabilización de patrones humanos con fuertes rasgos de colectividad[156]. La clase obrera, en su complejidad, es la única fuerza que puede plantear un proyecto de reconstrucción de ciudad en el que el centro de decisión relacionado con la plusvalía urbana pertenezca a la fuerza de trabajo[157].

Muchos autores inspirados en las ideas de Henri Lefebvre han propuesto debatir el proceso de acumulación de riqueza urbana, el tema de la ciudad funcional y los aspectos jurídicos de este derecho a partir del derecho a la vivienda o los derechos sociales como Harvey; Purcell; De Souza; Mitchell. Otros análisis desde una perspectiva del derecho administrativo y urbanístico, podemos ver en Ponce Solé; Fernandes, Zamora; Jacquot, Priet & Soazic; García Enterría & Parejo Alfonso. No pocos enmarcan el derecho a la vivienda en la esfera de los derechos humanos, como Estapà y Kenna; y una miríada de estudios en los que participaron urbanistas que discutieron formas de violencia estatal y segregación espacial, como Friendly; Marcuse;

---

156 Véase Lefebvre (2008).

157 "La stratégie urbaine fondée sur la science de la ville a besoin d'un support social et de forces politiques pour devenir agissante. Elle n'agit pas par elle-même. Elle ne peut pas ne pas s'appuyer sur la présence et l'action de la classe ouvrière, seule capable de mettre fin à une ségrégation dirigée essentiellement contre elle. Seule cette classe, entant que classe, peut décisivement contribuer à la reconstruction de la centralité détruite par la stratégie de ségrégation et retrouvée dans la forme menaçante des 'centre de décision' [...] Cela veut dire qu'il convient d'élaborer deux séries de propositions. A) Un programme politique de réforme urbaine [...] Il será établi pour être proposé aux force politiques, c'est-à-dire aux partis [...] Il aura un caractère spècifique, celui qui vient de la connaissance [...] B) Des projets urbanistiques très poussés des 'modèles', des formes d'espace et de temps urbains, sans se préocuper de leur caractère actuellement réalisable ou non, utopique ou non (c'est-à-dire lucidement 'utopiens') [...] Les formes de temps et d'espace seront, sauf expérience contraire, inventées et proposées à la praxis". Véase Lefebvre (2009, pp. 103-104).

y AlKhalili[158]. Son pensadores que han preparado el terreno para la discusión en curso sobre el derecho a la ciudad, aunque el debate sobre el concepto de Henri Lefebvre también se enriquece con el aspecto del derecho a la vivienda[159]. Por lo tanto, nuestro interés es mostrar cómo la praxis de esta materia puede ser personificada por los movimientos sociales urbanos mientras puede ser atacada por el poder legislativo.

El derecho a la ciudad no se concibe en un solo terreno de conocimiento ni es una cuestión carente de dimensión práctica. El camino para la realización del concepto de ciudad que Henri Lefebvre propone desde una perspectiva jurídica presupone más participación social y transparencia en la toma de decisiones. La vivienda adecuada, por ejemplo, está íntimamente relacionada con la cuestión de los derechos humanos en contextos urbanos y puede considerarse una puerta de entrada a otros derechos. Es también una demanda legítima para la construcción de un espacio urbano de colectividad. Las fuerzas ideológicas y económicas del sistema de propiedad, que han colonizado el concepto de un lugar digno para vivir, encuentran sus contradicciones en la racionalidad de la acción de los mo-

---

158 Véanse Harvey (2013), Harvey (2008), Purcell (2002), De Souza (2010), Mitchell (1995), Ponce Solé (2013), Fernandes (2007), Zamora (2002), Jacquot, Priet & Soazic (2004), Parejo Alfonso & García Enterría (1979), Estapà (2013, pp. 53-70), Friendly (2013), Marcuse (2009), Alkhalili, Dajani & De Leo (2014).

159 Véase Aalbers & Gibb (2014). Léase también "This approach is only possible because the notion of the human right to adequate housing is not restricted to the access of the house itself, that is, it does not refer only to a roof and four walls. Understood as a human right and this is the perspective I have been defending for over six years as United Nations Special Rapporteur on the Right to Adequate Housing the right to housing has to be apprehended in a much broader context in order to encompass the security of all forms of tenure and the protection against forced evictions; access to basic services, including health care, education, potable water, food, electricity, sanitation, waste disposal, transport, leisure, green spaces and a healthy environment; the right to use appropriate and adequate materials ensuring habitability, including adequate space and effective protection against natural threats to health and life; affordability of, and access to means of subsistence, including access to land, infrastructure, natural and environmental resources, and sources of livelihood and work; the right of participation in all stages and processes of decision-making related to housing; and the prioritisation of the needs of vulnerable and historically marginalised minorities (see the International Covenant on Economic, Social and Cultural Rights, 1976 and UN E/1992/23, Annex III at 114, the Committee's General Comment No. 4 on the right to adequate housing). In this sense the right to adequate housing stands for much more than property rights over a house". Véase Rolnik (2014).

vimientos sociales urbanos por el derecho a la vivienda[160]. Este conflicto es político en la medida que imbrica intereses distintos entre dos actores antagónicos y el Estado o gobierno aparece en cuanto a un tercero[161].

4. PROPIEDAD, VIVIENDA Y CIUDAD

4.1. Semántica, regulación y conflicto de competencias

Inicialmente, cuando expusimos diversas sentencias del Tribunal Constitucional de España y de Brasil con un enfoque en el derecho de propiedad y en los tipos de lid intrínsecos a ello, esta metodología comparada lo que evidenció fue que el derecho de propiedad tiene raíces profundas en la tradición civilista de ambos países. Esto dificulta el control externo, es decir, aquello derivado de los poderes constituidos que vigilan, inspeccionan y penalizan el uso o uso anómalo del derecho de propiedad; e impide la expansión de los controles internos, o sea, que propietarios tengan como finalidad el uso residencial de sus bienes y actúen de conformidad con lo que determinan las normas jurídicas y no jurídicas de la función social de la propiedad.

Otro aspecto que podemos resaltar en cuanto a la semántica civilista sobre el derecho de propiedad es que ella casi siempre nos indica situaciones de conflicto. Algo que las sentencias inevitablemente reproducen. Las figuras jurídicas más comunes que aparecen en las decisiones de juzgados y tribunales son, por ejemplo, "lanzamiento", "desahucio", "desalojo", "posesión indebida", "posesión de terceros", "esbulho" y "reintegração de posse"[162]. Para todas ellas, hay el propietario o un titular legítimo de la posesión que reclama la exigibilidad de su derecho como cosa oponible a terceros. En estas pugnas jurídicas, no obstante, no son muy centrales, por lo tanto, figuras como la del "uso residencial", de la "vivienda", de la "función social" y del "hogar". Estas incluso pasan a ser muchas veces materias enajenables en el enjuiciamiento civil, como hemo visto en las sentencias de los dos tribunales constitucionales, o porque son entendidas como pertenecientes a la esfera de lo contencioso-administrativo o porque, *ipsis litteris,* son responsabilidades de los poderes públicos.

---

160 Véase Collado (1979).

161 Véase McAdam, Tarrow & Tilly (2009).

162 Las figuras jurídicas de "esbulho" y "reintegração de posse" son las más comunes en portugués.

Cuando se trata del control externo de los abusos o del uso anómalo del derecho de propiedad, materia, como mencionamos, interpretada como responsabilidad de los poderes públicos, la semántica cambia de lugar. Pasa al campo de la jurisdicción de lo contencioso-administrativo sobre la existencia o no de "reservas de ley", "inconstitucionalidad de normas aprobadas por el legislador", el tema de las "competencias exclusivas", de las "competencias autonómicas", del "poder sancionador", las "multas coercitivas", los "impuestos progresivos", etc. Otra vez, no alcanzamos fácilmente la figura de la función social, aunque nos ubicamos más cerca de ella.

Sin embargo, es en el momento en que se reconoce la función social de la ciudad y de la vivienda como figura jurídica que observamos dos fenómenos nuevos. El primero es la expansión del poder controlador externo, o sea, las competencias reglamentarias y sancionadoras, actuando de manera motivada y con mayor conexión con la realidad socioeconómica. El segundo es por el ensanchamiento de los controles internos del derecho de propiedad, i.e., los propietarios, sobre todo, los grandes tenedores, pasan a gestionar la ocupación de sus propiedades con base en criterios de primera residencia, vivienda y hogar. Como hemos señalado antes, tanto el control externo como el interno pueden ser vistos como resultado de las normas legisladas hacia el derecho a la ciudad. Es más, los principios de participación ciudadana y de transparencia refuerzan el ejercicio de estos dos controles, porque para allá del cumplimiento de obligaciones administrativas por parte del propietario, al evitar el uso anómalo del derecho de propiedad en materia de vivienda, por ejemplo, hay una nueva semántica moral generada por la racionalidad de las acciones colectivas[163].

En mayo de 2024, el TCE ha apreciado la mayor parte de la Ley 12/2023, de 24 de mayo, por el derecho a la vivienda, después de estudiar el recurso de inconstitucionalidad requerido por el Consejo de Gobierno de la Junta de Andalucía contra una serie de artículos de la norma. Entre otros aspectos, la reciente normativa permite imponer nuevos límites a la subida del precio del alquiler en las zonas tensionadas. Según ha informado el TCE, la mayoría progresista del Pleno ha estimado parte del recurso del Ejecutivo andaluz y solo ha declarado inconstitucionales y nulos dos apartados

---

163 El MTST, la PAH y tantos otros movimientos sociales han contribuido para la formación de una racionalidad de acción hacia el derecho a la vivienda y a la ciudad. En gran parte, esto se debe al hecho de que la función social de la propiedad es el elemento de conexión entre el derecho a un hogar digno y otros derechos en contexto urbano.

de la ley aprobada en mayo de 2023: el art. 16, que recoge los principios que regulan la vivienda protegida; y parcialmente el art. 19.3, referente a la colaboración y suministro de datos de los grandes tenedores en zonas de mercado residencial tensionado. Los magistrados del ala conservadora del TCE, Ricardo Enríquez, Enrique Arnaldo, Concepción Espejel y César Tolosa, emitieron un voto particular contra el criterio adoptado por la mayoría dicha progresista por estar en desacuerdo con la aceptación de los argumentos jurídicos presentados por la solicitante del recurso.

En síntesis, la resolución, con ponencia de la magistrada María Luisa Segoviano Astaburuaga, es la primera que examina el asunto y marca el camino para las futuras revisiones que llegarán, dado que también han recurrido esa ley el Govern de Baleares, la Comunidad de Madrid, el País Vasco, la Generalitat de Cataluña, la Xunta de Galicia, el Parlament catalán y los diputados del Partido Popular en el Congreso de Diputados. Eso por razón del recurso de inconstitucionalidad impulsado por la Junta de Andalucía cuestionar 16 artículos de la ley, así como contra la disposición adicional tercera, la disposición transitoria primera, tres apartados de la disposición final primera, y la disposición final cuarta.

El Gobierno andaluz acordó interponer recurso de inconstitucionalidad contra la Ley 12/2023, de 24 de mayo, por el derecho a la vivienda, tras obtener el dictamen positivo del Consejo Consultivo, que, según subrayó la Junta en su momento, coincidía con el dictamen de los servicios jurídicos del Ejecutivo autonómico una vez que la norma del Gobierno de España "invade competencias en materia de vivienda exclusivas recogidas en el Estatuto de Autonomía de Andalucía". La Junta de Andalucía parte entonces de la premisa de que "el Estado no puede legislar, ni siquiera de forma supletoria, en materia de vivienda", y desde esa consideración proponía la impugnación ante el Tribunal Constitucional de "toda la regulación recogida en la Ley Estatal de Vivienda en torno al concepto de vivienda protegida, vivienda asequible incentivada, gran tenedor y parque público". Igualmente, la Ley 12/2023, de 24 de mayo, por el derecho a la vivienda incorpora el concepto de "zonas tensionadas", como vemos en su art. 18, apartados 2, 3 y 4, y el de "grandes tenedores", art. 19, apartado 1 inciso segundo y 3, que, de acuerdo con el Gobierno de Andalucía, significan en la práctica "una invasión directa de las competencias exclusivas autonómicas en materia de vivienda y del derecho de propiedad".

Por lo que se refiere al art. 27.1, párrafo tercero, de la Ley 12/2023, de 24 de mayo, por el derecho a la vivienda, el TCE lo ha anulado al entender la mayoría de los magistrados que su contenido sobre ingresos procedentes de sanciones administrativas por incumplimiento de la función social de la propiedad de la vivienda, gestión y enajenación de bienes patrimoniales que formen parte del parque público de vivienda no puede ser regulado por la competencia estatal. El texto original de la ley preveía que los recursos recaudados deberían ser destinados a la creación, ampliación, rehabilitación o mejora de los parques públicos de vivienda. Quedando así el rango competencial de las comunidades autonómicas reducido a apenas establecer los términos del destino impuesto por la ley estatal[164].

El argumento central del Recurso de Inconstitucionalidad 5491-2023 de la Junta de Andalucía es de que el Estado no puede legislar en materia de vivienda ni siquiera de forma supletoria, pues estas competencias están recogidas de manera exclusiva en el Estatuto de Autonomía de Andalucía. En acorde con lo que hemos discutido a lo largo de este presente trabajo, este primer punto revela el conflicto entre Estado y autonomía sobre el ejercicio competencial previamente habilitado responsable por hacer el control externo del derecho de propiedad en materia de vivienda. Según, la Junta de Andalucía, razona que la Ley 12/2023, de 24 de mayo, por el derecho a la vivienda invade directamente las competencias exclusivas autonómicas en materia de vivienda y del derecho de propiedad, especialmente en lo referente a los conceptos de vivienda protegida, vivienda asequible incentivada, grandes tenedores y parque público. En este otro aspecto, el control de la función social de la propiedad y de la vivienda, tal y como vimos, afecta tanto el control externo como el interno. Por fin, el argumento sobre la regulación de zonas tensionadas y los grandes tenedores, pues la ley establece regulaciones específicas para declarar zonas tensionadas y definir a los grandes tenedores, lo que, una vez

---

164 El pleno del TCE, STC 79/2024 de 21 de mayo de 2024 (*Tol 10040324*), examina el Recurso de inconstitucionalidad 5491-2023 que fue interpuesto por el Consejo de Gobierno de la Junta de Andalucía referente a diversos preceptos de la Ley 12/2023, de 24 de mayo, por el derecho a la vivienda. La sentencia en fondo decide en cuanto al ejercicio de las "competencias sobre vivienda, urbanismo, ordenación del territorio, régimen local y servicios sociales; condiciones básicas de igualdad: nulidad total o parcial de los preceptos legales que regulan el régimen de viviendas protegidas, las obligaciones de colaboración de grandes tenedores en zonas de mercado residencial tensionado, finalidad y financiación de los parques públicos de vivienda y el régimen transitorio de las viviendas de protección pública previamente calificadas". En su párrafo primer dice: "Declarar inconstitucionales y nulos el art. 16; el contenido del art. 19.3 a partir del inciso 'que incluirá, con respecto a las viviendas de titularidad del gran tenedor en la zona de mercado residencial tensionado, al menos, los siguientes datos'; el tercer párrafo del art. 27.1; el art. 27.3, y la disposición transitoria primera de la Ley 12/2023, de 24 de mayo, por el derecho a la vivienda".

más, redunda el intento del Estado de invadir las competencias autonómicas y afectar negativamente al derecho de propiedad.

4.2. Normas programáticas, efectivas y exigibles

En ambos debates constitucionales sobre el uso del derecho de propiedad, notamos la singular ausencia de una reflexión jurídica sobre la posible conexión entre los derechos sociales y su exigibilidad. En parte, porque entendemos una brecha cognitiva en cuanto a la comprensión de la realidad material española y la brasileña por parte de los poderes constituidos. En *La teoría del derecho en el paradigma constitucional*, Luigi Ferrajoli nombra esa inexistencia de hacer más efectivos los derechos constitucionales y, por ende, los derechos sociales, de las *lagunas* del control de la constitucionalidad jurídica[165]. Podemos aplicar esta percepción para reflexionar sobre la distancia que hay entre los dos países y sus realidades materiales, la falta de viviendas asequibles, por ejemplo, y la actuación legislativa y administrativa. El hecho de que el legislador muchas veces no tenga tan claro el papel de las administraciones públicas y sus competencias en el ejercicio constitucional de la función social afecta, sin duda, la *ratio decidendi* del TCE y del TCB. Al analizar las sentencias de ambos tribunales, hemos observado que existe una tendencia a centrarse en cuestiones contractuales, como el usufructo del derecho de propiedad, el incumplimiento de pagos de alquiler o de hipoteca, sin apertura del ordenamiento jurídico al derecho humano a la vivienda ni ponderación de los efectos de sus decisiones en la realidad social, económica y democrática.

Javier Pérez Royo comenta que la CE de 1978 no es ni más ni menos rígida que las demás cartas de los países de la UE. No obstante, diferente de otros Estados, el pacto constituyente se renueva poco en España:

> Está, por decirlo de una manera expresiva, en la media de las constituciones de los países de la Unión Europea. No es ni más ni menos rígida que las demás. Y sin embargo, en los demás países europeos se hace uso, con más o menos frecuencia, pero con naturalidad de la reforma de la constitución, renovándose el pacto constituyente de manera periódica. En España, por el contrario, no es así[166].

No es solamente en los sistemas constitucionales de familia romano-germánica que la realidad material suele alejarse de principios y derechos.

---

[165] Ferrajoli (2008, pp. 110-111).

[166] Véanse Royo (2003, p. 216) y Royo (1984, pp. 16-23).

Como propone Bruce Ackerman, a partir de un ejercicio metodológico, es necesario acercar la realidad material de la interpretación de la norma aplicable. Para él, en su visión crítica, los jueces, así como los legisladores, se esfuerzan en demostrar el dominio de técnicas jurídicas, de fuentes de derecho y del conocimiento de su propio ordenamiento jurídico e institucional, aunque en la mayoría de las veces no tienen criterios explícitos, precisos y estables para determinar los contextos en los que una u otra forma legal debe tener peso predominante, y mucho menos exclusivo. En parte, en conformidad con las palabras de Ackerman, porque la cultura legal de las democracias no está lo suficientemente organizada, es decir, que muchos de sus principales operadores jurídicos sean abogados, jueces y, en cierta medida, legisladores, se mueven de un lado a otro entre la perspectiva de observador ordinario y la formulación de políticas sin preguntarse si es posible harmonizar lo que entienden por norma jurídica, derecho, garantías, norma social, etc. Incluso, mismo en el derecho anglosajón basado en la costumbre, los defensores de estas técnicas de interpretación, juristas y legisladores, se arriman en textos normativos jurídicos como absolutos creadores y estabilizadores de normas. Algo que la realidad contradice[167]. Recordemos un fundamento jurídico del TCE sobre la creación de derechos y obligaciones para ilustrar lo que argumentamos a seguir.

> Este tribunal ya ha tenido ocasión de pronunciarse respecto a la aplicación del art. 149.1.1 CE en relación con el ejercicio del derecho de propiedad sobre la vivienda (art. 33.1 CE) y en el cumplimiento de los deberes constitucionales que correspondan por su función social (art. 33.2 CE). Esto es importante porque "aunque pudiera entenderse que el art. 149.1.1 de la Constitución permite al Estado atraer a su ámbito competencial una potestad normativa en relación con la función social de la propiedad sobre cualquier tipo de bienes y en virtud de cualesquiera intereses de carácter público, aun aquellos cuya definición y gestión no le está ya encomendada, de ello no cabría concluir sino que el Estado podría regular las condiciones básicas que garanticen una igualdad de trato —asimismo básica o esencial— de todos los españoles en el ejercicio (y en el contenido) de sus derechos de propiedad. *Pero ello sin perjuicio de que las comunidades autónomas puedan dotarse, en el ámbito de sus respectivas competencias, de una legislación propia*" (STC 37/1987, de 26 de marzo, FJ 9)[168].

---

167 Véase Ackerman, B. (1977). "On the nature and object of legal language". *Private property and the constitution* (pp. 168-169). Yale University.

168 El destacado de la cita es nuestro. Véase Fundamento Jurídico 3, B, "a", i, de la STC 79/2024 de 21 de mayo de 2024 (*Tol 10040324*) que examina el Recurso de inconstitucionalidad 5491-2023, interpuesto por el Consejo de Gobierno de la Junta de Andalucía referente a diversos preceptos de la Ley 12/2023, de 24 de mayo, por el derecho a la vivienda. Comentaremos a seguir sobre la técnica de desambiguación de normas o de la no duplicidad de disposiciones normativas.

La técnica de desambiguación[169] apoyada en normas primarias puede en mucho aclarar la disputa creadora de figuras jurídicas a la que nos referimos y reducir considerablemente los conflictos competenciales al efectivar la función social de la propiedad. Partimos entonces de aquellas reglas que tienen objetivos, medios y procedimientos comunes, pero que compartan diferentes sistemas jurídicos e institucionales a la vez, como vemos en normas de *jus cogens*. Ellas sí que son capaces de imponer el deber de hacerse cumplir con mayor efectividad una determinada disposición o derecho, porque funcionan como vasos comunicantes entre constituciones y el derecho internacional: "Em termos formais, o direito internacional se assemelha àquele regime de normas primárias, embora o conteúdo de suas normas (amiúde sofisticadas) seja muito diferente daquele das normas de uma sociedade primitiva, e muitos de seus conceitos, métodos e técnicas sejam os mesmos que os do moderno direito interno"[170]. Recordamos que la ratificación de tratados internacionales, como es el caso de España, en el art. 96 de la CE, y de Brasil, en el art. 5, LXXIX, párrafo 2, de la CB, formaliza el elemento de conexión entre el derecho de las gentes y el derecho interno. Es más, obliga a los dos países a incorporar las normas pactadas entre Estados, bien como a dotar de medios a los poderes públicos para que internamente respeten, protejan y satisfagan los derechos enunciados en los tratados. De este modo, la desambiguación no simplemente resulta en la estabilización del contenido de figuras jurídicas, sino también auxilia en la medición del grado de efectividad de un determinado derecho. En la hipótesis de una norma de cumplir sus objetivos al hacer efectivo un derecho, por ejemplo, se puede pensar en el perfeccionamiento de los medios para que haya mayor exigibilidad de este mismo derecho[171].

4.3. La ciudad y la exigibilidad de derechos

La demanda de mayor participación y transparencia en el empleo de los recursos públicos está vinculada con la noción democrática del uso del derecho de propiedad. Sin embargo, tal racionalidad de acción confronta directamente la idea de competencia estatal y la visión civilista de uso anómalo de la propiedad. Cuando movimientos sociales como el MTST y la PAH denuncian

---

169 Véase Hidalgo Navarro (2017).

170 Hart (2009, pp. 292-301).

171 Aún sobre las normas primarias y el derecho internacional, véase también Kelsen (1926).

la inefectividad del derecho a la vivienda y otros derechos en el contexto urbano, especialmente respecto al derecho a la ciudad, exigen que las administraciones públicas actúen y que los tribunales fundamenten jurídicamente sus decisiones sobre los conflictos relacionados con la vivienda, basándose en los límites de la función social. Significa que estos actores entienden el uso anómalo de viviendas, los impuestos regresivos y la inacción administrativa sancionadora ante el incumplimiento de la función social de la propiedad como una cuestión de democracia. David Harvey entiende, no obstante, que este es uno de los lados de la cuestión, pues, mientras los movimientos sociales urbanos se ocupan de denunciar el *statu quo*, las clases dirigentes y del capital forjan lo que el autor denomina de máquina de crecimiento urbano, o sea, la reproducción del espacio para pocos en las palabras de Henri Lefebvre.

> The class interests involved on the production side are, however, also lopsided, and this has implications for who ends up holding the 'sticky end'. Bankers, developers, and construction companies easily combine to forge a class alliance (one that often dominates what is called 'the urban growth machine' both politically and economically).

En el caso brasileño, como en Estados Unidos también, por la cuestión étnica, el tema es aún más complejo. Eso porque el consumo de hipotecas, causa que fue el movilizador inicial de la PAH y sigue siendo para el MTST, puede ser accedido por diferentes clases y tonos de piel, pero es la clase obrera y los negros aquellos que más sufren con el endeudamiento, lanzamientos y desahucios:

> But consumer housing mortgages are singular and dispersed, and often involve loans to those who occupy a different class or, particularly in the United States (though not in Ireland), racial or ethnic position[172].

Ya hemos matizado anteriormente que el derecho a una vivienda adecuada y asequible es una de las piezas para una vida digna en contexto urbano. Las iniciativas populares del MTST y de la PAH, cuya racionalidad de acción se basa en el derecho constitucional a la vivienda, se combinan con la expectativa de mayor soberanía popular, porque, si para el lenguaje jurídico la exigibilidad de derechos refuerza la idea de un Estado soberano, para los movimientos acceder a una vivienda dignamente y poder pagar por ella se ve como conquista social. Sin embargo, resaltamos que la soberanía popular es señal de vida democrática, más libre y más justa.

---

172 Véase Harvey (2013, p. 47).

Conclusión

El derecho, la vivienda y la ciudad: los tres razonamientos para la defensa de un hogar

1. PROPIEDAD, VIVIENDA Y CIUDAD

Al iniciar el presente libro, nuestra hipótesis era que cuanto mayor fuera el uso de una racionalidad de acción de los movimientos sociales para evitar viviendas vacías, menos se verían impedidas las administraciones públicas de aumentar la oferta por viviendas sociales. Además, por justamente acabar ejerciendo el poder público su control externo contra los abusos de grandes tenedores, la efectividad del derecho a la vivienda naturalmente aumentaría. No obstante, el análisis de los fallos de juzgados y tribunales nos condujo a otro puerto, evidenciando que la construcción de juicios críticos sobre el derecho de propiedad, el uso no anómalo de la vivienda y la función social dependen de una comprensión jurídica más amplia y en otro nivel de exigibilidad. De este modo, cuando identificamos la presencia de movimientos sociales urbanos con una racionalidad de acción basada en el derecho a la vivienda en Brasil y España, fue posible exponer algunas de las fisuras estructurales del derecho de propiedad y proponer un debate jurídico más matizado sobre la efectividad del derecho a la vivienda.

Otro razonamiento a que llegamos a través del análisis de sentencias es que la exigibilidad de la vivienda puede ser mejor alcanzada a partir de la función social de la propiedad. Esto significa que un derecho exigible no solamente depende de la actuación administrativa, de los juzgados y tribunales, sino, sobre todo, de una racionalidad de acción social que, por consiguiente, auxilia en la expansión de los controles internos del derecho de propiedad. Recordamos que fueron los movimientos sociales de base como el MTST y la PAH los primeros a cuestionar los abusos del derecho de propiedad ante juzgados, administraciones públicas e incluso formularon iniciativas legislativas populares o participaron de ellas activamente. En ambos países, podemos afirmar que la función social de la propiedad y el derecho constitucional a la vivienda, por lo tanto, mercado de propiedad y hogar, son elementos conexos. El abuso de uno conculca el derecho del otro.

Enumeramos una serie de observaciones para reiterar los argumentos anteriores e introducir al debate una racionalidad tridimensional que auxilie en la elaboración de juicios adecuados sobre cómo podemos equilibrar el derecho de propiedad, el derecho a la vivienda y a la ciudad. La interacción de estas tres dimensiones sugiere la negación explícita del juego pendular entre mercado de propiedad y derecho de propiedad. Este enfoque binario, de capital y de cultura civilista, nos impide multiplicar las posibilidades de efectividad del derecho a la vivienda como una cuestión de interés general y de elemento vital para una vida digna. También es cierto que nuestro panorama no pendular, que no limita el acceso a la vivienda en las esferas del mercado de propiedad y de la cultura civilista, fomenta el uso de la propiedad a través de políticas públicas que promuevan otros derechos o el derecho a la ciudad[173].

2. DERECHO DE PROPIEDAD Y RAZONAMIENTOS ECONÓMICOS

El examen de la aplicación de la teoría de la oferta y de la demanda al mercado de viviendas, así como el análisis del contexto de las inversiones inmobiliarias globales nos muestras cómo el mercado de propiedad puede producir crisis económicas internacionales con más frecuencia, desequilibrios financieros y fiscales, constante inestabilidad política, estagnación productiva y rupturas dañosas en sistemas constitucionales. En Brasil y España, por un lado, la formación de precios tiende a obedecer a las demandas de vivienda de aquellas familias e individuos que pueden pagar más por el mismo bien. Dado que el crecimiento de oferta de viviendas no acompaña la demanda, los precios suben con el promedio de ingresos de

[173] Algunos intelectuales comenzaron a cuestionar la relación binaria entre Estado y mercado. Esta forma pendular de pensar se acentúa a partir de los años 1980 con el neoliberalismo. Básicamente el estado de bienestar se declaró fallido y al poder político le restó la tarea de formulador de políticas compensatorias. Desde la platea, él entonces solamente observaría como el sector bancario privado haría su expansión de crédito y navegaría por la más salvaje desregulación financiera de la historia. La crítica jurídica a este modelo puede ser vista en los trabajos de Roberto Mangabeira Unger, Duncan Kennedy y Guido Calabresi por ejemplo. En Brasil, un aporte muy cercano a ese movimiento jurídico lo hace el profesor Marcelo Neves con su teoría sobre el transconstitucionalismo, es decir, la fuerza simbólica de la Constitución Federal de Brasil de 1988, que semánticamente es generosa, pero completamente desconectada de la realidad material del país. En este sentido, el profesor Manuel Atienza, por otro lado, como forma de revisitar jurídicamente el estado de cosas en que nos encontramos, propone una reflexión sobre reglas que confieren poder, poderes no normativos e intereses sociales. Véanse Unger (2015), Calabresi (2003), Atienza & Manero (1996, pp. 9-12), y Neves (2013).

estratos más altos y no de la clase trabajadora. Sin embargo, la oferta no crece porque el crédito es caro, el ánimo de lucro de la producción de bienes y servicios es menos atractivo que la rentabilidad ofrecida por fondos o aplicaciones financieras y la renta de alquileres en grandes ciudades es más segura que la prometida por un pequeño negocio. En regla general, la acumulación del capital urbano coopta gran parte del derecho de propiedad y tensiona los sistemas constitucionales sobre el derecho a la vivienda[174].

Las inversiones globales colonizan la capacidad nacional de producir viviendas y políticas urbanas en un contexto socioeconómico más democrático. Ese proceso ocurre esencialmente porque las demandas nacionales de propiedad son satisfechas por sistemas de crédito e hipotecas dictados por la remuneración del capital global. En otras palabras, los gobiernos nacionales permiten cláusulas abusivas para las tasas de interés en los contratos hipotecarios y urbanos con la excusa de hacer del mercado de propiedad algo atractivo. Como explicitan algunos autores, las condiciones para producir e innovar son dramáticamente nacionales y la riqueza proveniente de los ahorros externos tiene como objetivo prioritario generar ganancias a los inversores[175].

La macroeconomía de las inversiones inmobiliarias se ve reforzada por el sistema de deuda pública. Los gobiernos brasileño y español remuneran a sus inversores nacionales y extranjeros con una tasa de interés relativamente más alta en comparación con las inversiones para vivienda social. Es por ello que el volumen de activos internacionales es más expresivo y estimula prácticas especulativas. Por lo tanto, aunque se espera que los fondos en inversiones extranjeras directas permanezcan en el país por un período de largo plazo, por definición, no necesariamente se destinan a la producción de vivienda social o incluso forman parte de políticas urbanas con bajo perfil especulativo. Como resultado, las inversiones en el sistema de deuda pública para infraestructura, por ejemplo, son superiores en comparación con el sector productivo de la construcción social[176]. A esta realidad, se añade el tema de los rendimientos marginales que buscan tanto a inversores nacionales cuanto a los internacionales. A largo plazo, los

---

174 Véanse Rolnik (2016) y Reinhart & Rogoff (2011).

175 Leer las consideraciones sobre las crisis financieras, dependencia y sector de la construcción en el capítulo "Do câmbio flutuante à unificação monetária" en el libro de Eichengreen (2001). Véase también el texto de Ortega & Peñalosa (2012).

176 Véase la subsección *El control externo, el endeudamiento y un paso atrás* del Capítulo IV.

gobiernos brasileño y español optan por destinar parte de su producto interno bruto para pagar o "atraer" los fondos de los mercados globales. Esa decisión produce inestabilidad, ya que la riqueza nacional y de las ciudades utilizada en este tipo de operación proviene del tesoro público y estaría mejor justificada si aplicados los recursos de forma estratégica en sectores como salud, educación, vivienda, etc[177].

Estos razonamientos económicos conforman las condiciones materiales para la deconstrucción de un modelo económico de desarrollo urbano justo centrado en las personas que viven en contexto urbano. La idea de un juicio adecuado o una *ratio decidendi* que no se distancie de esta realidad es tener en cuenta que el derecho de propiedad no es de todo inmune a los movimientos especulativos del mercado inmobiliario global y que la vivienda social debe tener su efectividad y exigibilidad con base en la identificación de los abusos causados por el uso anómalo de la vivienda. Esa dimensión es quizás la más importante, ya que la dinámica especulativa y de acumulación de capital inmobiliario lo que reproduce es en realidad el argumento de obligación de cumplimiento de la tradición civilista de uso con reducido control externo e interno. Una *ratio decidendi* más adecuada a este escenario, en el cual el derecho de propiedad contribuye para la mayor efectividad de la función social de la vivienda, reorienta el uso de la propiedad para fines de residencia. Es más, un juicio adecuado también es capaz de reorientar la acumulación de riqueza generada con el propósito de corregir las condiciones imperfectas de mercado y direccionar inversiones hacia el sector productivo de la construcción. De lo contrario, si la renta de alquileres en grandes ciudades como Barcelona o São Paulo es mayor que el interés de ánimo de lucro de la construcción de viviendas sociales, por ejemplo, la economía estará expuesta a una estagnación generalizada. La misma lógica se aplica a la remuneración esperada por el sector de la especulación inmobiliaria, pues, si tal rentabilidad es mayor y evita el riesgo inherente al sector productivo, no hay razón para el inversor migrar sus apuestas del sector financiero a la producción.

El uso del derecho de propiedad que habían hecho los grandes tenedores antes de la crisis de 2008 en España, como bancos e instituciones financieras, desfiguró la naturaleza de la obligación social. En este contexto,

177 Comparar los datos sobre la tasa de interés, depósito y préstamo *overnight* en transacciones interbancarias, bien como las diferencias entre la remuneración de capital ofrecida a personas físicas y as las corporaciones, en la página del European Central Bank (2024) y sobre letras y bonos del Tesoro de España (2024).

una vez que la propiedad no se utiliza para fines residenciales, se renueva el concepto de derecho de propiedad absoluto; es decir, el capital global de las empresas inmobiliarias invade los sistemas constitucionales, imponiendo nuevos dominios y colonizando el poder judicial, como vimos en diversas sentencias entre los capítulos I, II y III. Es necesario transformar esta lógica binaria, de capital y tradición civilista, y proponer una alternativa en la que el derecho a la vivienda sea el motor de la efectividad de otros derechos. Por lo tanto, el derecho a la ciudad necesita una *ratio decidendi* o juicios adecuados para que también sea efectivo y exigible.

3. DERECHO DE PROPIEDAD, VIVIENDA Y RAZONAMIENTOS DE CULTURA JURÍDICA

Vimos que el concepto sobre el derecho de propiedad bajo la tradición civilista se encuentra en constante estado de redefinición. Su noción de derecho absoluto es en parte explicada por una construcción histórica en que el sujeto de derecho extendía su voluntad al uso de sus bienes convenientemente. En ese sentido, la estabilización de la figura jurídica del derecho de propiedad dependía de la persona y no del colectivo. Una especie de vínculo o tradición emocional que actúa como fertilizante para la raíz del derecho de propiedad[178]. Este derecho emocional está en las Ordenan-

---

[178] En los escritos de Columella, sobre el uso de la propiedad durante el primer siglo d. C., vemos un relato histórico sobre la relación entre *dominus* y producción: "On far distant estates, however, which it is not easy for the owner to visit, it is better for every kind of land to be under free farmers than under slave overseers, but this is particularly true of grain land. To such land a tenant farmer can do no great harm, as he can to plantations of vines and trees, while slaves do it tremendous damage: they let out oxen for hire, and keep them and other animals poorly fed; they do not plough the ground carefully, and they charge up the solving of far more seed than they have actually sown; what they have committed to the earth they do not so foster that it will make the proper growth; and when they have brought it to the threshing-floor, every day during the threshing they lessen the amount either by trickery or by carelessness. For they themselves steal it and do not guard against the thieving of others, and even when it is stored away they do not enter it honestly in their accounts. The result is that both manager and hands are offenders, and that the land pretty often gets a bad name". Véase el Book I: VII 6-7, p. 83. El mismo Columella escribe que: "He [the proprietor] should be not only skilled in the tasks of husbandry, but should also be endowed, as far as the servile disposition allows, with such qualities of feeling that he may exercise authority without laxness and without cruelty, and always humour some of the

zas filipinas publicadas en 1603 uniéndose en este momento al concepto de territorio de jurisdicción y al de soberanía moderna[179].

Mencionamos que el uso de la tierra y más tarde el concepto de propiedad no era solo una cuestión constitucional, sino, sobre todo, de mantenimiento de una tradición civilista. A lo largo del siglo XX, el derecho de propiedad pasa a sufrir limitaciones, como comentado anteriormente, el control externo, y se plasma en la función social la idea de deber. Sin embargo, las obligaciones impuestas por el Estado al propietario no dependen del régimen político, estado autoritario o las plenas democracias. En 1919, la promulgación de la Constitución de la República de Weimar expresó algunos límites al derecho de propiedad basados en principios democráticos, con legisladores electos y mandatos representativos. No obstante, la función social fue mantenida durante el III Reich (1939-1945), o sea, un Estado totalitario. Brasil y España tuvieron un destino muy similar, ya que el derecho de propiedad y su función social permanecieron vigentes durante las dictaduras española y brasileña. En España, la Ley de Expropiación Forzosa de 1954, art. 71, ilustra la combinación entre interés social y Estado autoritario durante el régimen de Francisco Franco (1939-1975).

La Constitución brasileña de 1967, en su art. 153, III, habla del orden económico, de la justicia social y la función social de la propiedad. Al reformar la constitución en 1969, el Régimen Militar (1964-1985) también mantuvo en su art. 153, § 22 la expropiación por causa de interés social o público; y la función social de la propiedad en su art. 160, III. Como hemos mencionado anteriormente, esta contradicción debe ser vista de forma crítica. El hecho de enunciar un derecho formalmente no significa su garantía o control de abusos, tampoco que será igualmente efectivo a todos. Esta voluntad de superación sigue siendo una de las grandes tareas

---

better hands, at the same time being forbearing even with those of lesser worth, so that they may rather fear his sternness than detest his cruelty". Léase el Book I: VIII 9-12, p. 89. en Columella (1960a).

179 La relación entre propiedad, jurisdicción y derecho absoluto o emocional puede ser vista en las siguientes líneas: "Se pelos Reys, que ante elle foram [los vasallos], foi feita doação a qualquer pessoa de alguma Terra, Villa, ou Castelo, geralmente com toda sua jurisdição, mero e mixto império, com todo outro qualquer Direito Real, que a el Rey hi pertencesse haver [...]". Véase Arquivo.pt (2024). Apenas recordar que las Ordenaciones Filipinas estuvieron vigentes en España y Portugal entre los años de la Unión Ibérica (1580-1640). Esta tradición civilista está presente no solamente en la cultura del Derecho Civil español y portugués, pero en el ordenamiento jurídico de todos los territorios colonizados por ambos imperios.

de las democracias. Es común, por lo tanto, encontrar en las decisiones fundamentos jurídicos cuya *ratio decidendi* ignora el pacto democrático o el contexto constitucional, o por inercia jurisprudencial o por cultura jurídica acrítica. De este modo, es posible preguntarnos si en la historia del concepto de propiedad se explica suficientemente o no la acepción de derecho de propiedad absoluto y si su interpretación está de hecho cargada de sesgos cognitivos.

Según Roberto Mangabeira Unger, un juez debe estar más cerca de la realidad social si su deber también implica la transformación de la sociedad:

> We should define the method in a way that respects the human reality and the practical needs of the people who come into court without harnessing them to a glittering scheme for the improvement of law. We must be sure that our judicial practice leaves open and available, practically and imaginatively, the space on which the real work of social reform can occur. [...] We must eschew dogma and accept compromise in our account of the practice as well as in our understanding of the society to which the practice contributes. We should try to remain close to what judicial decisions in contemporary democracies are actually like[180].

El aparente desconcierto jurídico entre la norma legislada y la decisión judicial es precisamente lo que puede ofrecernos la efectividad del derecho a la vivienda que buscamos, no solo frente a los dogmatismos doctrinales, sino también contra lo que es absolutamente contrario a lo democrático. Sin embargo, los jueces no son los únicos que se olvidan de afrontar las cuestiones sobre los abusos de los propietarios o la arbitrariedad administrativa. Por otro lado, están los grandes tenedores, no por desconocer, sino más bien por ignorar las lecciones de las crisis de 2008, las inestabilidades en inversiones de alto riesgo, la ruptura del tejido social debido al desempleo en el sector de la construcción y otras tantas penurias causadas por la especulación inmobiliaria. Eso también porque el funcionamiento de las normas y de la economía detrás del derecho de propiedad tiene un alto coste para su modificación, y cuando las circunstancias de innovar imponen un precio elevado, es probable que los más beneficiados por el conflicto jurídico y social se ajusten aumentando sus ventajas[181]. Por ello, es fundamental buscar lo que realmente se impone como relevante para una transformación social efectiva.

---

180 Véase Unger (1996, p. 113).

181 Véanse Liebowitz & Margolis (1990) y Hathaway (2003).

El ejercicio de la cultura democrática muestra que, si el contenido social se impone a la percepción material de los juzgados y tribunales, la *ratio decidendi* cambia. Hemos visto como los controles externos e internos referentes al derecho de propiedad en casos de abusos se han acercado. Entendemos que la función social debe ser conocida por toda sociedad y su efectividad tiene como principal finalidad efectivar el derecho a la vivienda como tantos otros derechos sociales y, por ende, el derecho a la ciudad. En este sentido, la noción de una cultura política participativa y transparente fortalece una racionalidad de acción que promueve la igualdad de los individuos ante la ley, sobre todo, la igualdad material[182]. Las multas coercitivas aplicadas a viviendas vacías, la expropiación forzosa de interés social, la actuación del poder administrativo sancionador y los impuestos progresivos, por ejemplo, son materias que están por encima del interés privado.

Como se demostró a lo largo de este libro, las inversiones inmobiliarias, los bancos y las instituciones financieras en posesión de unidades habitacionales son los actores que aún utilizan un concepto absoluto de derechos de propiedad. Basándose en la teoría de la oferta y la demanda, presentan los argumentos de un mercado global libre y la iniciativa de introducir inversiones extranjeras directas en las fronteras nacionales, pero es precisamente el capital extranjero el que trae las semillas de las externalidades destructivas. El primer efecto negativo se refiere a la competencia limitada por el ahorro nacional e, inevitablemente, a las formas de oligopolios globales. Llamamos la atención sobre los cincuenta fondos más grandes de las empresas inmobiliarias. El segundo es la presión que estas inversiones ejercen sobre los gobiernos. Cuando las inversiones ingresan a países pobres en capital, existe una demanda de crecimiento de los fondos disponibles destinados a apoyar los sistemas hipotecarios cuyos clientes son individuos y familias que buscan crédito para acceder a una propiedad.

4. LA FUNCIÓN SOCIAL DE LA VIVIENDA Y DE LA CIUDAD

En los tres primeros capítulos, hicimos referencia al conflicto existente entre el uso anómalo del derecho de propiedad y la demanda por viviendas. Observando la realidad actual, es importante que la interpretación constitucional de la función social se amplíe y se estabilice de forma a mitigar el crecimiento de viviendas vacías en Brasil y España. El papel de los

---

[182] Véase Almond & Verba (2014, pp. 171-201).

tribunales y de las administraciones públicas puede expandir su cognición a partir del concepto de vivienda social al cuestionar los poderes públicos sobre el deber de obligación. Tal movimiento tiene incluso el reto de transponer las fronteras de la cultura civilista y buscar en el derecho internacional la efectividad de la función social de la ciudad. No solamente las agendas urbanas europeas o la proveniente del sistema de las Naciones Unidas, sino, especialmente, las obligaciones, competencias y control que los tratados internacionales también ofrecen al incluir en su corolario derechos fundamentales y sociales no meramente programáticos.

La *Conferencia sobre el Programa de las Naciones Unidas sobre Vivienda y Desarrollo Urbano Sostenible, Hábitat III,* utiliza, en teoría, una racionalidad tridimensional, o los razonamientos económicos, los de cultura jurídica sobre el derecho de propiedad y los de la función social para la defensa de un hogar, para emitir juicios adecuados sobre cómo se producen las ciudades y el sistema de propiedad. El argumento de un desarrollo sostenible, de la función social de la propiedad y de la ciudad se concentra excesivamente en la tarea del papel legislativo y de la administración pública, pero hay que recordarse de que estas tareas deben ser participativas y transparentes. La Resolución A/RES/71/256 en su punto 13, letra "e", prevé que las ciudades y los asentamientos humanos: "Fulfil their territorial functions across administrative boundaries and act as hubs and drivers for balanced, sustainable and integrated urban and territorial development at all levels". Como podemos ver en su punto 35, los gobiernos y administraciones públicas son actores centrales para evaluar y garantizar la efectividad de un corolario de derechos que, en su conjunto, están pensados incluso para afrontar las cuestiones de género, edad y medio ambiente: "[...] promoting, at the appropriate level of government, including subnational and local government, increased security of tenure for all, recognizing the plurality of tenure types, and to developing fit-for-purpose and age-, gender- and environment-responsive solutions within the continuum of land and property rights, with particular attention to security of land tenure for women as key to their empowerment, including through effective administrative systems".

Otro punto relevante para una racionalidad tridimensional de juicios adecuados que apoyen una *ratio decidendi* conectada a la realidad de las ciudades radica en cómo los organismos internacionales o los acuerdos regionales pueden incorporar mecanismos de transparencia, participación ciudadana y desarrollo socioeconómico democrático. La UE y el MERCOSUR afirman en sus documentos constitutivos los tres principios enumerados también en el Código Iberamericano de Buen Gobierno. Estos documentos repiten el énfasis de las tareas que gobiernos, administraciones y poder judicial deben tener siempre presentes en sus procesos decisorios. Como hemos demostrado en el capítulo IV, el derecho a una buena administración es vital para la efectividad del derecho a la vivienda y para el derecho a la ciudad.

Una innovación jurídica que está presente en uno de los casos analizados en el capítulo II es la presencia del *amicus curiae*. El caso I.D.G. contra España, admitido por el CESCR, se dedicó a examinar también las conexiones jurídicas entre propiedad, cláusulas abusivas y la decisión de desahuciar a un deudor por impago de hipoteca basado en un informe de una persona jurídica no legitimada como parte. El apoyo de la Red Internacional por los Derechos Económicos, Sociales y Culturales (Red-DESC) presentó datos sobre las ejecuciones hipotecarias masivas en España y cómo el derecho a la vivienda había sido vulnerado por el Estado español. Además, en su fallo, afirma que: "[...] the legislative measures taken by the State party, such as Royal Decree-Law No. 6/2012 and Act No. 4/2013, are insufficient to resolve the social crisis caused by mortgage foreclosures, since the Spanish legal framework continues to favour financial institutions over the interests of the persons concerned"[183].

Los movimientos sociales urbanos que hemos introducido han reivindicado la efectividad del derecho a la vivienda y de la ciudad. En el contexto español, el activismo de la PAH ha defendido la noción de un lugar asequible y digno para vivir a través de políticas públicas como respuesta a los efectos de la crisis económica de 2008. Su racionalidad de acción parte del art. 47 de la Constitución española de 1978, que afirma explícitamente el derecho a la vivienda, como argumentamos, no de contenido programático, sino exigible y de obligaciones. Es importante recordar que, con el colapso del sistema hipotecario en 2008, familias e individuos se dieron cuenta de hasta qué punto el progreso económico de la sociedad española era sostenible y el sector bancario comprometido con los derechos fundamentales. En Brasil, el MTST actúa de forma muy similar, pues también se basa en el derecho a la vivienda, consagrado en el art. 6 de la Constitución de la República Federativa de Brasil de 1988, para construir su racionalidad de acción social.

¿Es el derecho a la ciudad un *locus* jurídico común para la actuación judicial y administrativa? Observando la actuación más reciente del MTST y de la PAH en defensa del derecho a la vivienda y a la ciudad, movimien-

---

[183] Véase United Nations. (2015b, p. 8).

tos definidos por nosotros como defensores de una racionalidad de acción que cuestiona la *ratio decidendi* pro la tradición civilista del derecho de propiedad, la respuesta es negativa. La paradoja que se impone en el ordenamiento jurídico e institucional es que el poder judicial lanza, desahucia y desaloja, por ejemplo, para que los grandes tenedores sigan haciendo un uso indiscriminado de sus bienes. Es también una contradicción del punto de vista del derecho, porque, si es verdad que, por un lado, la tradición civilista se centra en el acceso a la vivienda por una relación contractual, alquileres e hipotecas, por otro, no es razonable pensar que los conflictos contractuales entre inquilinos o prestamistas y propietarios queden al margen del análisis constitucional. Eso significa una captura de un derecho por otro. Una posible salida a esta paradoja, como hemos intentado demostrar, es por el ensanchamiento de la función social, que se puede plasmar en alquileres sociales, viviendas sociales o protegidas. Sin embargo, eso requiere una actuación administrativa, dotación presupuestaria y medios. Por lo tanto, la efectividad de un derecho y su exigibilidad es urgente, porque estamos hablando de un bien vital, un hogar, donde empieza y se complementa la materialidad del derecho a la ciudad.

Referencias bibliográficas

Aalbers, M. B. & Gibb, K. (2014). "Housing and the right to the city: Introduction to the special issue". *International Journal of Housing Policy,* (14), 207-213.

Ackerman, B. (1977). "On the nature and object of legal language". *Private property and the constitution* (pp. 168-169). Yale University.

Alkhalili, N., Dajani, M. & De Leo, D. (2014). "Shifting realities: Dislocating Palestinian Jerusalemites from the capital to the edge". *International Journal of Housing Policy,* (3), 257-267.

Almond, G. A. & Verba, S. (2014). "La cultura política". *Diez textos básicos de ciencia política* (pp. 171-201). Barcelona.

Aparicio, M. A. (1980). *Introducción al sistema político y constitucional español.* Ariel.

Arquivo.pt. (2024). *Ordenações Filipinas* (1603), *Livro II, Part XIV, Title XXXV.* https://arquivo.pt/. Recuperado el 26 de marzo de 2024.

Atienza, M. (2007). "Prólogo". *Observar la ley: Ensayos sobre metodología de la investigación jurídica* (pp. 9-12). Trotta.

Atienza, M. & Manero, J. R. (1996). *A theory of legal sentences.* Kluwer Academic Publishing.

Auby, J. B. (2013). *Droit de la ville.* LexisNexis.

Ayuntamiento de Barcelona. (2013). *Pla Director de Cooperació al Desenvolupament, Solidaritat i Pau de l'Ajuntament de Barcelona 2013-2016.* https://www.barcelona.cat/ca. Recuperado el 17 de enero de 2024.

Ayuntamiento de Barcelona. (2024). *Estrategia y finanzas. Ratings.* https://ajuntament.barcelona.cat/estrategiaifinances/es/ratings. Recuperado el 14 de mayo de 2024.

Ayuntamiento de Barcelona. (2024). *Evolución de las viviendas iniciadas (obra nueva), por distritos.* https://www.barcelona.cat/ca. Recuperado el 22 de marzo de 2024.

Bonduki, N. (2000). "Autogestão na produção de habitação: um Programa de qualidade e baixo custo". *Habitar São Paulo: reflexões sobre a gestão urbana* (p. 36). Estação Liberdade.

Bonduki, N. (2000). "Moradia como direito social". *Habitar São Paulo: Reflexões sobre a gestão urbana* (pp. 163-164). Estação Liberdade.

Brenner, N., Marcuse, P. & Mayer, M. (2012). *Cities for people, not for profit: critical urban city and the right to the city.* Routledge.

Bullock, N. (2022). *Modernising post-war France: Architecture and urbanism during les trente glorieuses.* Routledge.

Calabresi, G. (2003). "An introduction to legal thought: Four approaches to law and to the allocation of body parts". *Faculty Scholarship Series,* (1), 2113-2151.

Castells, M. (1983). *The city and the grassroots.* California University.

CIDHs. (1999). *Informe núm. 77/98, Caso 11.556.* https://cidh.oas.org/annualrep/98span/Indice.htm. Recuperado el 16 de abril de 2024.

Ciudad de México. (2016). *Constitución Política de la Ciudad de México.* https://www.gob.mx/indesol/documentos/constitucion-politica-de-la-ciudad-de-mexico. Recuperado el 12 de mayo de 2024.

CLAD. (2006). *Código iberamericano de buen gobierno.*https://clad.org/. Recuperado el 29 de septiembre de 2023.

Clark, P. (2010). "Framing Gacaca: Six transitional justice themes". *The Gacaca's courts, post-genocide and reconciliation in Rwanda: Justice without lawyers* (pp. 29-46). Cambridge University Press.

Coggin, T. & Pieterse, M. (2001). "Rights and the city: an Exploration of the interaction between socio-economic rights and the city". *Urban Forum,* (1), 257-278.

Collado, P. E. (1979). *La propiedad privada urbana.* Montecorvo.

Columella, L. J. M. (1960a). "Book I". *On agriculture* (pp. 81-82). Traducido por Harrison Boyd Ash. Harvard University.

Comisión Europea. (2001). *European governance: A white paper.* https://ec.europa.eu/commission/presscorner/detail/es/DOC_01_10. Recuperado el 12 de mayo de 2019.

Council of Europe. (1980). *Committee of Ministers. Recommendation No. R(80)2 of the Committee of Ministers concerning the exercise of discretionary powers by administrative authorities.* https://rm.coe.int/16804f22ae. Recuperado el 17 de diciembre de 2023.

Council of Europe. (1987). *Committee of Ministers. Recommendation No. R(87)16 of the Committee of Ministers on administrative procedures affecting a large number of persons.* https://rm.coe.int/16804eaa5c. Recuperado el 17 de diciembre de 2023.

Council of Europe. (2007). *Committee of Ministers. Recommendation CM/Rec(2007)7 of the Committee of Ministers to Member States on good administration.* https://www.coe.int/en/web/portal/home. Recuperado el 17 de diciembre de 2023.

De Souza, M. L. (2010). "Which right to which city? In defence of political-strategic clarity". *Interface: A Journal for and about Social Movements,* (2), 315-333.

Dictamen del Comité (E/C.12/55/D/2/2014), Comité de Derechos Económicos, Sociales y Culturales de las Naciones Unidas (CESCR). Comunicación núm. 2/2014.

Duguit, L. (1920). *Las transformaciones generales del derecho privado desde el Código de Napoleón* (2nd ed.). Francisco Beltrán.

EFE. (2024). *Entrega viviendas sociales Madrid 17-7-1962. Los vecinos del barrio del Gran San Blas dan la bienvenida al jefe del Estado, Francisco Franco, que asiste a la entrega de siete mil viviendas sociales y de renta limitada.* https://efs.efeservicios.com/en/foto/entrega-viviendas-sociales-madrid-1771962-vecinos-barrio-san-blas-dan-bienvenida/8000744094. Recuperado el 15 de marzo de 2024.

Eichengreen, B. (2001). *A globalização do capital: Uma história do sistema monetário internacional.* Editora 34.

Escobar Roca, G. (2012). "Indivisibilidad y derechos sociales: de la Declaración Universal a la constitución". *Revista Jurídica de los Derechos Sociales Lex Social,* (2), 48-61.

Estapà, J. S. (2013). "La exigibilidad jurídica de los derechos humanos: especial referencia a los derechos económicos, sociales y culturales (DESC)". *El derecho internacional de los derechos humanos en períodos de crisis* (pp. 53-70). Marcial Pons.

European Central Bank. (2024). *Main figures. Deposits.* https://data.ecb.europa.eu/main-figures/bank-interest-rates/deposits. Recuperado el 17 de mayo de 2024.

Fernandes, E. (2007). Constructing the right to the city. *Social & Legal Studies, 16*(1), 201-219.

Ferrajoli, L. (2008). "Sobre la teoría del derecho en el sistema de los saberes jurídicos". *La teoría del derecho en el paradigma constitucional* (pp. 110-111). Fundación Coloquio Jurídico Europeo.

Ferrer, J. C. (1985). "Una aproximación al control de proporcionalidad del Consejo de Estado francés: el balance costes-beneficios en las declaraciones de utilidad pública de la expropiación forzosa". *Revista de Derecho Administrativo,* (1), 71-83.

Fitch Ratings. (2024). *São Paulo Municipality.* https://www.fitchratings.com/entity/sao-paulo-municipality-of-93835890. Recuperado el 14 de mayo de 2024.

França, J. (2016). *Ada Colau quiere una Barcelona que mire al río Besòs para romper con las desigualdades.* https://www.eldiario.es/catalunya/. Recuperado el 12 de enero de 2024.

Friendly, A. (2013). "The right to the city: Theory and practice in Brazil". *Planning Theory & Practice,* (2), 158-179.; Marcuse, P. (2009). "From critical urban theory to the right the city". *City,* (13), 185-196.

FROB. (2024). *Fondo de Reestructuración Ordenada Bancaria.* https://www.frob.es/. Recuperado el 19 de diciembre de 2023.

Frúgoli, H. (2005). "O urbano em questão na antropologia: Interfaces com a sociologia". *Revista de Antropologia,* (1), 148.

Gaja i Díaz, F. (2015). *Políticas de vivienda, suelo y urbanismo en la España del siglo XX. De la penuria a la falsa opulencia. Los costes de la hiperproducción inmobiliaria, Seminario Hábitat y Suelo. Retos de las políticas de suelo para la producción social de vivienda.* http://personales.upv.es/fgaja/publicaciones/andes.pdf. Recuperado el 12 de marzo de 2024.

Habermas, J. (1981). Racionalidad: Una determinación preliminar del concepto. *Teoría de la acción comunicativa: Racionalidad de la acción y racionalización social* (Vol. I p. 34). Taurus.

Hart, H. L. A. (2009). "O direito internacional". *O conceito de direito* (pp. 292-301). Martins Fontes.

Harvey, D. (2013). *Rebel cities: From the right to the city to the urban revolution.* Verso.

Harvey, D. (2008). "The right to the city". *New left review,* (1), 23-40.

Hathaway, O. A. (2003). "Path Dependence in the Law: The Course and Pattern of Legal Change in a Common Law System". *Yale Law School Legal Scholarship Repository,* (1), 101-165.

Hidalgo Navarro, A. (2017). "La ambigüedad en el lenguaje jurídico: Su diagnóstico e interpretación a traves de la lingüística forense". *Anuari de Filologia. Estudis de Lingüística,* (7), 73-96. https://doi.org/10.1344/AFEL2017.7.5

IBGE. (2024). *Favelas e comunidades urbanas.* https://biblioteca.ibge.gov.br. Recuperado el 19 de marzo de 2024.

INE. (2011). *Censos de población y vivienda 2011.* http://www.ine.es/. Recuperado el 19 de diciembre de 2023.

INE. (2024). *Índice de Precios de la Vivienda en Alquiler.* https://www.ine.es/experimental/ipva/experimental_precios_vivienda_alquiler.htm. Recuperado el 12 de enero de 2024.

IPEA. (2013). *Nota técnica estima o déficit habitacional brasileiro.* https://www.ipea.gov.br/. Recuperado el 19 de diciembre de 2023.

Jacquot, H., Priet, F. & Soazic, M. (2004). *Droit de* l'urbanisme. Dalloz.

Kelsen, H. (1926). "Les rapports de système entre le droit interne et le droit international public". *Collected Courses of the Hague Academy of International Law, The Hague Academy of International Law,* (1), 227-332.

Kenna, P. (2006). *Los derechos a la vivienda y los derechos humanos.* ProHabitatge.

Kennedy, D. (1982). "The stages of the decline of the public/private distinction". *University of Pennsylvania Law Review,* (1), 1349-1357.

Kuhner, T. K. (2007). "The separation of business and state". *California Law Review,* (6), 2353-2391.

Lefebvre, H. (2008). *A revolução urbana.* UFMG.

Lefebvre, H. (2009). *Le droit à la ville.* Economica.

Lefebvre, H. (2013). *La producción del espacio.* Capitán Swing.

Lefebvre, H. (2013). "El espacio social". *La producción del espacio.* Capitán Swing.

Liebowitz, S. J. & Margolis, S. E. (1990). "The fable of the keys". *Journal of Law and Economics,* (1), 1-25.

Marcuse, P. (2012). "Whose right(s) to what city". *Cities for people, not for profit: critical urban city and the right to the city* (pp. 30-31). Routledge.

Martens, P. (1992). "L'irrestible ascension du principe de proportionnalité". *Presence du droit public et des droits de l'homme: mélanges offerts à Jacques Velu* (pp. 49-68). Bruylant.

McAdam, D., Tarrow, S. & Tilly, C. (2009). "Para mapear o confronto político". *Lua Nova,* (1), 11-48.

Mesquita, H. A. (2003). "O conflito na fazenda Santa Elina/o massacre de Corumbiara: A farsa do processo judicial e do júri popular". *Revista Pegada,* (2), 33-52.

Miagusko, E. (2012). "Primeira aproximação: a Juta vista de cima". *Movimentos de moradia e sem- teto em São Paulo* (p. 110). Alameda.

Micklitz, H. (2013). "Unfair contract terms. Public interest litigation before European Courts". *Landmark cases of EU consumer law: in honour of Jules Stuyck* (pp. 639-652). Intersentia.

Migliari, W. (2016). "São Paulo, Warsaw and landlocked areas: from Functionality to proto-right to the city". *Studia Iuridica,* (1), 175-194.

Mitchell, D. (1995). "The End of Public Space? People's Park, Definitions of the Public, and Democracy". *Annals of the Association of American Geographers,* (1), 108-133.

MTST. (2024). *Movimento dos Trabalhadores Sem-Teto.* https://mtst.org/. Recuperado el 19 de enero de 2024

Murphy, L. & Nagel, T. (2005). "Os bens públicos". *O mito da propriedade* (pp. 62-65). Martins Fontes.

Naciones Unidas. (2003). *Convención de las Naciones Unidas contra la corrupción.* https://www.unodc.org/. Recuperado el 17 de mayo de 2024.

Naciones Unidas. (2016). *Nueva Agenda Urbana. Resolución 71/256 adoptada por la Asamblea General de las Naciones Unidas en el 23 diciembre de 2016.* https://onuhabitat.org.mx/index.php/home. Recuperado el 12 de enero de 2024.

Neves, M. (2013). *Transconstitucionalismo.* Martins Fontes.

Ortega, E. & Peñalosa, J. (2012). "Claves de la crisis económica y retos para crecer en la UEM". *Documentos Ocasionales, Banco de España,* (1201), 1-37.

OXFAM. (2016). *Briefing Paper 18, An economy for the 1%. How privilege and power in the economy drive extreme inequality and how this can be stopped.*

PAH. (2024). *Plataforma de Afectados por la Hipoteca.* https://afectadosporlahipoteca.com/. Recuperado el 19 de mayo de 2024.

Parejo Alfonso, L. & García Enterría, E. (1979). *Lecciones de derecho urbanístico.* Civitas.

Piketty, T. (2014). *Capital in the twenty-first century.* The Belknap.

Ponce Solé, J. (2008). "El derecho a la vivienda. Nuevos desarrollos normativos y doctrinales y su reflejo en la Ley Catalana 18/2007, de 28 de diciembre, del derecho a la vivienda". *El derecho a la vivienda en el siglo XXI: sus relaciones con la ordenación del territorio y el urbanismo* (pp. 65-175). Marcial Pons.

Ponce Solé, J. (2008). "Prólogo". *El derecho a la vivienda en el siglo XXI: sus relaciones con la ordenación del territorio y el urbanismo* (pp. 9-13). Marcial Pons.

Ponce Solé, J. (2011). "EU law, global law and the right to good administration". *Global administrative law and EU administrative law. Relationships, legal issues and comparisons* (pp. 133-145). Springer.

Ponce Solé, J. (2013). "Políticas públicas para afrontar la regeneración urbana de barrios degradados. Una visión integrada desde el Derecho". *Revista Aragonesa de Administración Pública,* (1), 11-70.

Ponce Solé, J. (2016). "El derecho subjetivo a la vivienda exigible judicialmente: Papel de la legislación, análisis jurisprudencial y gasto público". *Propuestas jurídicas para facilitar el acceso a la vivienda* (pp. 61-195). Madrid: Fundación Coloquio Jurídico Europeo.

Ponce Solé, J. & Fernández Evangelista, G. (2010). "Derecho urbanístico, derecho a la vivienda y personas sin hogar". *Revista de Derecho Urbanístico y Medio Ambiente,* (1), 39-78.

Powell, W. (1990). "Neither market nor hierarchy: Network forms of organization". *Research in Organizational Behavior,* (1), 295-336.

Purcell, M. (2002). "Excavating Lefebvre: The right to the city and its urban politics of the inhabitant". *GeoJournal,* (1), 103.

Reinhart, C. M. & Rogoff, K. S. (2011). *This time is different: Eight centuries of financial.* Princeton University.

Rolnik, R. (2014). "Afterword – Place, inhabitance and citizenship: the right to housing and the right to the city in the contemporary urban world". *International Journal of Housing Policy,* (14), 293-300.

Rolnik, R. (2016). *Guerra dos lugares: A colonização da terra e a moradia na era das finanças.* Boitempo.

Royo, J. P. (2003). "Una asignatura pendiente: La reforma de la constitución". *Revista Española de Derecho Constitucional,* (*69*), 215-235. Léase también Royo, J. P. (1984). "Introducción". *Las fuentes del derecho* (pp. 16-23). Tecnos.

Sánchez-Cruzat, J. M. B. (2014). "El derecho a la ciudad". *Cuadernos de Derecho Local,* (1), 97-103.

Sánchez, S. I. (2014). "Unfair terms in mortgage loans and protection of housing in times of economic crisis: Aziz v. Catalunyacaixa". *Common Market Law Review,* (3), 955-974.

Sassen, S. (2005). "The global city: introducing a concept". *Brown Journal of World Affairs,* (2), 27-43

Saüc, J. P. (2000) "¿Si están formando escuelas ghetto en Ciutat Vella?". *Espacios y Territorios: Miradas antropológicas* (pp. 23-34). Universitat Autònoma de Barcelona.

Serrano, N. G. C. (1990). *Proporcionalidad y derechos fundamentales en el proceso penal.* Colex.

Doménech, I. P. (1997). "El principio de proporcionalidad y la jurisprudencia constitucional". *Jueces para la Democracia,* (1), 69-75.

Simioni, R. L. (2006). "A sublimação jurídica da função social da propriedade". *Lua Nova,* (1), 109-137.

Síndic de Greuges. *(2012). Memoria.* https://www.sindic.cat/. Recuperado el 16 de noviembre de 2023.

Tesoro de España. (2024). *Deuda pública.* https://www.tesoro.es/. Recuperado el 17 de mayo de 2024.

TFUE. (2007). https://www.boe.es/doue/2010/083/Z00047-00199.pdf?origen=app. Recuperado el 12 de mayo de 2019.

Unger, R. M. (1996). *What should legal analysis become?* Verso.

Unger, R. M. (2015). *The critical legal studies movement: Another time, a greater task.* Verso.

United Nations. (1991a). *United Nations Committee on Economic, Social and Cultural Rights. Committee General Comment No. 4 on Adequate Housing.* https://www.ohchr.org/. Recuperado el 17 de diciembre de 2023.

United Nations. (1991b). *United Nations Committee on Economic, Social and Cultural Rights. Committee General Comment No. 7 on Adequate Housing.* https://www.ohchr.org/. Recuperado el 17 de diciembre de 2023.

United Nations. (2003). *The challenge of slums, global report on human settlements 2003, United Nations Human Settlement Programme.* https://unhabitat.org/books/the-challenge-of-slums-global-report-on-human-settlements-2003/. Recuperado el 16 de septiembre 2023.

United Nations. (2009). *United Nations Habitat. Office of the United Nations High Commissioner for Human Rights. Fact Sheet No. 21/Rev.1, The Right to Adequate Housing.* https://www.ohchr.org/. Recuperado el 16 de mayo de 2024.

United Nations. (2012). *Resolution A/67/286, Promotion and protection of human rights: human rights questions, including alternative approaches for improving the effective en-*

joyment of human rights and fundamental freedoms. https://www.un.org/en/ga/third/67/documentslist.shtml. Recuperado el 17 de enero de 2024.

United Nations. (2014). *68% of the world population projected to live in urban areas by 2050. Department of Economic and Social Affairs.* https://www.un.org/development/desa/en/news/population/2018-revision-of-world-urbanization-prospects.html. Recuperado el 17 de enero de 2024.

United Nations. (2015a). *UN-Habitat at a glance.* https://unhabitat.org/un-habitat-at-a-glance-old. Recuperado el 17 de enero de 2024.

United Nations. (2015b). *Committee on Economic, Social and Cultural Rights* (CESCR), *Communication No. 2/2014.* https://tbinternet.ohchr.org/_layouts/15/TreatyBodyExternal/Download.aspx?symbolno=E/C.12/55/D/2/2014&Lang=en. Recuperado el 18 de enero de 2024.

United Nations. (2016a). *General Assembly, Third Committee, Summary Record of the 30th Meeting, A/C.3/71/SR.30, 29 November 2016.* https://digitallibrary.un.org/record/850997?ln=en&v=pdf#files. Recuperado el 17 de enero de 2024.

United Nations. (2016b). *Resolution A/71/310. Adequate housing as a component of the right to an adequate standard of living.* https://digitallibrary.un.org/record/840297?v=pdf&ln=es. Recuperado el 17 de enero de 2024.

United Nations. (2016c). *A/CONF.226/PC.3/14. Preparatory Committee for the United Nations Conference on Housing and Sustainable Urban Development (Habitat III), Third session.* https://habitat3.org/wp-content/uploads/PrepCom3-Provisional-Agenda-in-English.pdf. Recuperado el 18 de enero de 2024.

United Nations. (2017). Human Rights Council. A/HRC/37/30. Report of the Secretary-General on the role of economic, social and cultural rights in building sustainable and resilient societies for the implementation of the 2030 Agenda for Sustainable Development. https://documents.un.org/access.nsf/get?OpenAgent&DS=A/HRC/37/30&Lang=E. Recuperado el 18 de enero de 2024.

Verdú, P. L. (1976). *La octava ley fundamental. Crítica jurídico-política de la Reforma Suárez.* Tecnos.

Villarroya, J. T. (1997). "Las leyes fundamentales". *Breve historia del constitucionalismo español* (pp. 147-148). Centro de Estudios Constitucionales.

Weber, M. (1978). *Society and economy: An outline of interpretive sociology.* University of California Press.

Zamora, E. C. (2002). "Las urbanizaciones cerradas de lujo en Madrid: Una nueva fórmula de propiedad y de organización territorial". *Ciudad y Territorio. Estudios Territoriales,* (1), 545-564.

Jurisprudencia y sentencias

ATC 171/1995 de 6 de junio, ECLI:ES:TC:1995:171A.

ATC 174/2000 de 10 de julio, ECLI:ES:TC:2000:174A.

ATC 203/1985 de 20 de marzo, ECLI:ES:TC:1985:203A.

ATC 203/1985 de 20 de marzo, ECLI:ES:TC:1985:203A.

ATC 203/1985 de 20 de marzo, ECLI:ES:TC:1985:203A.

ATC 203/1985 de 20 de marzo, ECLI:ES:TC:1985:203A.

ATC 210/2001, de 16 de julio, ECLI:ES:TC:2001:210A.

ATC 213/1995 de 17 de julio, ECLI:ES:TC:1995:213A.

ATC 225/1996 de 22 de julio, ECLI:ES:TC:1996:225A.

ATC 234/1995 de 25 de julio, ECLI:ES:TC:1995:234A.

ATC 314/1994 de 17 de noviembre, ECLI:ES:TC:1994:314A.

ATC 405/1989 de 17 de julio, ECLI:ES:TC:1989:405A.

ATC 435/2006 de 23 de noviembre, ES:TC:2006:435A.

ATC 464/1985 de 10 de julio, ECLI:ES:TC:1985:464A.

ATC 588/1984 de 10 de octubre de 1984, ES:TC:1984:588A.

ATC 588/1984, de 10 de octubre de 1984, ECLI:ES:TC:1984:588A.

ATC 591/1984, de 10 de octubre de 1984, ECLI:ES:TC:1984:591A.

ATC 684/1986 de 30 de julio, ECLI:ES:TC:1986:684A.

ATC 85/1992 de 30 de marzo, ECLI:ES:TC:1992:85A.

ATC 9/2007 de 15 de enero de 2007, ES:TC:2007:9A.

Banco Popular Español S. A. contra Ayuntamiento de Terrassa, Procedimiento Ordinario núm. 153/2015-BR, Sentencia 206/2016, Juzgado de lo Contencioso-Administrativo 14 de Barcelona, septiembre de 2016.

Banco Popular Español S. A. contra Ayuntamiento de Terrassa, Recursos del Contencioso-Administrativo Ordinarios N. 156/2015-B y 176/2015-F, Sentencias 401/2015 y 402/2015, Juzgado de lo Contencioso-Administrativo 7 de Barcelona, diciembre de 2015.

Banco Popular Español S. A. contra Ayuntamiento de Terrassa, Recurso Ordinario 178/2015-V, Sentencia 10/2016, Juzgado de lo Contencioso-Administrativo 3 de Barcelona, enero de 2016.

Banco Popular Español S. A. contra Ayuntamiento de Terrassa, Recurso Contencioso Administrativo Ordinario núm. 155/2015-A, Sentencia 59/2016, Juzgado de lo Contencioso-Administrativo 15 de Barcelona, marzo de 2016.

Banco Popular Español S.A. contra Ayuntamiento de Terrassa, Procedimiento Ordinario núm. 148/2015-C, Sentencia 196/2016, Juzgado de lo Contencioso-Administrativo 11 de Barcelona, June 2016.

Banco Popular Español S.A. contra Ayuntamiento de Terrassa, Procedimiento Ordinario núm. 245/2014-BY, Sentencia 193/2016, Juzgado de lo Contencioso-Administrativo 14 de Barcelona, julio 2016.

Banco Santander contra Ayuntamiento de Terrassa, Procedimiento Ordinario núm. 568/2014, Sentencia 10/2016, Juzgado de lo Contencioso-Administrativo 9 de Barcelona, enero de 2016.

Banco Santander S. A. contra Ayuntamiento de Terrassa, Rollo de Apelación Auto núm. 237/2015, Sentencia núm. 115/2006, Tribunal Superior de Justicia de Cataluña, Sección Tercera, febrero 2016; y el Recurso Contencioso-Administrativo núm. 566/2014, Juzgado de lo Contencioso-Administrativo 8 de Barcelona, febrero 2015.

Bankia S. A. contra Ayuntamiento de Terrassa, Auto núm. 470/2014, Juzgado de lo Contencioso-Administrativo 6 de Barcelona, marzo de 2015.

Bankia S. A. contra Ayuntamiento de Terrassa, Auto núm. 473/2014, Juzgado de lo Contencioso-Administrativo 14 de Barcelona, enero de 2015

Bankia S. A. contra Ayuntamiento de Terrassa, Procedimiento Ordinario núm. 475/14-2A, sentencia 179/2015, del Juzgado Contencioso Administrativo 12 de Barcelona, 31 de julio de 2015.

Bankia S. A. contra Ayuntamiento de Terrassa, Procedimiento Ordinario núm. 469/2014-A, Juzgado de lo Contencioso-Administrativo 8 de Barcelona, 17 de diciembre de 2015.

Bankia S. A. contra Ayuntamiento de Terrassa, Procedimiento Ordinario núm. 471/2014, Sentencia 4/2016, Juzgado de lo Contencioso-Administrativo 9 de Barcelona, enero de 2016.

Bankia S. A. contra Ayuntamiento de Terrassa, Procedimiento Ordinario núm. 472/2014-A, Sentencia 32/2016, Sentencia 30/2016, Juzgado de lo Contencioso-Administrativo 2 de Barcelona, febrero de 2016.

Bankia S. A. contra Ayuntamiento de Terrassa, Recurso Administrativo-Contencioso Ordinario núm. 472/2014-F, Sentencia 343/2015, Juzgado de lo Contencioso-Administrativo 7 de Barcelona, septiembre de 2015.

Bankia S. A. contra Ayuntamiento de Terrassa, Recurso Ordinario 467/2014 F-1, sentencia 315/15, Juzgado de lo Contencioso-Administrativo 17 de Barcelona, 7 de octubre de 2015.

Bankia S. A. contra Ayuntamiento de Terrassa, Sentencia núm. 105/2016, Rollo de Apelación Auto núm. 159/2015, Tribunal Superior de Justicia de Cataluña, Sección Tercera, febrero de 2016

Bankia S. A. contra Ayuntamiento de Terrassa, Sentencia núm. 932/2015, Rollo de Apelación Auto núm. 258/2015, Tribunal Superior de Justicia de Cataluña, Sección Tercera, diciembre 2015

Building Center S.A.U. contra Ayuntamiento de Terrassa, Procedimiento Abreviado núm. 147/2015-B, Sentencia 267/2015, Juzgado de lo Contencioso-Administrativo 13 de Barcelona, octubre de 2015.

Buildingcenter S. A. contra Ayuntamiento de Terrassa, Procedimiento Ordinario núm. 146/2015-AA, Sentencia núm. 267/2016, Juzgado de lo Contencioso-Administrativo 14 de Barcelona, noviembre de 2016.

Criteria Caixa Holding S. A. contra Ayuntamiento de Terrassa, Procedimiento Abreviado 137/2015, sentencia 325/2015, Juzgado de lo Contencioso-Administrativo 9 de Barcelona, 10 de diciembre de 2015.

Criteria Caixaholding S. A. contra Ayuntamiento de Terrassa, Procedimiento Ordinario núm. 137/2015-E, Sentencia 317/2016, Juzgado de lo Contencioso-Administrativo 8 de Barcelona, diciembre de 2016.

Criteria Caixaholding S. A. contra Ayuntamiento de Terrassa, Recurso Contencioso-Administrativo Abreviado N. 132/2015-A, Sentencia 282/2015, noviembre de 2015, Juzgado 15 de lo Administrativo de Barcelona.

STC 111/1983 de 2 de diciembre (*Tol 79276*)
STC 111/1983 de 2 de diciembre (*Tol 79276*)
STC 122/2013 de 20 de mayo de 2013 (*Tol 3781151*)
STC 135/1986 de 31 de octubre (*Tol 123320*)
STC 169/2014 de 22 de octubre (*Tol 4552849*)
STC 181/2015 de 7 de septiembre de 2015 (*Tol 5528993*)
STC 197/2013 de 2 de diciembre (*Tol 4052774*)
STC 199/1998 de 13 de octubre (*Tol 81052*).
STC 219/1999 de 29 de noviembre (*Tol 263382*)
STC 30/2014 de 24 de febrero de 2014 (*Tol 4143263*)
STC 32/2018 de 12 de abril de 2018 (*Tol 8485295*)
STC 37/1987 de 26 de marzo (*Tol 79746*)
STC 37/1987 de 26 de marzo (*Tol 79746*)
STC 58/2010 de 4 de octubre de 2010 (*Tol 1971566*)
STC 61/2010 de 18 de octubre (*Tol 1993380*)
STC 70/1989 de 20 de abril de 1989 (*Tol 9735945*)
STC 79/2024 de 21 de mayo de 2024 (*Tol 10040324*)
STC 79/2024 de 21 de mayo de 2024 (*Tol 10040324*)
STC 89/1994 de 17 de marzo de 1994 (*Tol 82497*)
STC 93/2015 de 14 de mayo (*Tol 5001983*)
STJ Asunto C-415/11 de 14 de marzo (*Tol 9916543*)
STJUE Asunto C-598/21 de 14 de marzo (*Tol 9890837*)
STJUE Asunto C-137/08 de 9 de noviembre de 2010.
STS 180/2014 de 27 de marzo (*Tol 4177439*)